Dewao (les) expéditions

LES DEUX EXPÉDITIONS CONTRE LE FORT FISHER.

V

CANONS PARROTT.

A

LES DEUX

EXPÉDITIONS CONTRE LE FORT FISHER

PRIS D'ASSAUT LE 16 JANVIER 1865,

PAR

L'ARMÉE ET LA MARINE DES ÉTATS-UNIS

EXPLOSION DES CANONS PARROTT

Durant la 1re attaque

Rapport de la Commission nommée pour en examiner les causes.

PARIS

LIBRAIRIE MILITAIRE, MARITIME ET POLYTECHNIQUE

J. CORRÉARD, éditeur

3, BOULEVARD SAINT-ANDRÉ, 3

Maison de la fontaine Saint-Michel.

1865

AVERTISSEMENT DE L'ÉDITEUR.

La prise d'assaut du fort Fisher, qui était en quelque sorte le bouclier de Richmond du côté du Sud et la principale porte de ravitaillement de la Confédération, est un des faits les plus importants de la guerre qui divise les États-Unis, par les conséquences qu'il doit entraîner. — Il nous a paru le meilleur spécimen de l'état des sciences militaires dans la grande république du Nouveau-Monde. — C'est ce qui nous décide à publier à part les rapports officiels rédigés à ce sujet, en appelant tout particulièrement l'attention sur ceux du contre-amiral Porter et de la Commission nommée pour rechercher les causes d'explosion des canons Parrott.

PARIS

EXPLOSION DES CANONS PARROTT.

ASSAUT DU FORT FISHER.

On a dit que l'explosion des canons Parrott était due à la négligence apportée dans leur nettoyage. Nous croyons cette assertion mal fondée. Le chef du bureau de l'artillerie avait appelé sur ce sujet l'attention de la marine dans des ordres qu'on va transcrire, et les canons avaient été confiés à des officiers soigneux et expérimentés.

Circulaire du bureau de l'artillerie, au département de la marine à Washington, le 29 décembre 1863.

Le bureau recommande vivement à tous les officiers qui peuvent être chargés des batteries de la marine à terre, soit qu'ils coopèrent avec l'armée ou qu'ils agissent seuls, d'apporter le plus grand soin pour empêcher le sable ou la poussière de s'introduire dans la bouche des canons rayés, et de veiller à ce qu'il n'y ait ni sable ni poussière sur les projectiles que l'on va introduire dans le canon.

Pour éviter qu'aucun grain de sable ne vole et ne s'insinue dans l'intérieur de l'âme, aussitôt après que la pièce a été écouvillonnée et essuyée convenablement, on doit mettre un masque de toile en avant de la bouche de la pièce, et répéter l'opération quand le projectile a été introduit jusqu'au signal ou mot de « paré. » Alors on retire le masque.

H.-A. WISE,

Chef de bureau.

Autre circulaire du même bureau. 9 *juillet* 1863.

Afin d'assurer le soin que la marine doit apporter dans le tir des canons rayés, le bureau décide :

1° Que la base de tous les projectiles rayés et spécialement celle des projectiles Parrott sera amplement graissée avant d'être mise dans le canon. On se servira pour cet usage de suif ordinaire de porc lavé plusieurs fois dans l'eau chaude ;

2° Que les âmes de tous les canons seront fréquemment lavées, et les rayures nettoyées de toute espèce de résidu ou de poussière en se servant invariablement *d'un écouvillon humide.*

On appelle spécialement l'attention de tous les commandants sur les prescriptions de cette circulaire, et le bureau recommande d'observer avec soin l'action des projectiles Parrott en se conformant aux conditions ci-dessus et d'en faire le rapport, car on pense que presque tous les accidents survenus récemment dans le service proviennent de ce qu'après quelques coups, les rayures étaient remplies d'un résidu de poudre durci.

H.-A. WISE,

Chef de bureau.

L'ASSAUT DU FORT FISHER.

On ne saurait trop louer la manière brillante et audacieuse avec laquelle le fort Fisher a été pris d'assaut, à cause de la hardiesse de l'entreprise, des obstacles qu'il a fallu vaincre, du courage de l'exécution, et du succès complet qui l'a couronnée. Le pays doit toute sa reconnaissance aux généraux Grant et Terry, ainsi qu'aux officiers et aux soldats de la colonne d'assaut, ainsi qu'à l'amiral Porter, à ses valeureux matelots et marins qui, non contents d'avoir

avarié par leur feu terrible, le fort en tant qu'ouvrage
de défense, ont encore voulu prêter la main à l'attaque des forces de terre. L'éclat de cet heureux
exploit est encore relevé par le contraste qu'il
forme avec l'échec que l'on avait éprouvé. L'ensemble des deux entreprises fait ressortir d'une
manière plus éminente que jamais, la persévérance
qui distingue le caractère du lieutenant-général
Grant. Quand il ne réussit pas la première fois
dans ses manœuvres et dans ses entreprises, il essaie toujours une seconde. S'il manque une seconde fois il essaie une troisième, une quatrième
fois et ainsi de suite, jusqu'à ce qu'un autre que
lui se lasse de ses entreprises réitérées. Dans des
cas pareils, ce n'est pas à sept fois qu'il s'arrête,
mais à septante sept fois; et encore n'est-il prêt à
se reposer que quand il a atteint son but. Un écri-
vain français célèbre dans les Revues, disait dernièrement que si Grant avait été un général
romain, on l'eût surnommé *Pertinax*.

Dans l'affaire du fort Fisher, la ténacité de
Grant a été un bienfait pour le pays. Il est indubitable que la maladresse du général Butler, ou
celle de Weitzel, ou peut-être celle de tous deux
(car c'est un honneur à se disputer), avait rendu la

seconde entreprise plus sérieuse que la première.
« Ils trouveront le fort bien mieux disposé pour
résister, que quand Butler a fait sa tentative, disait
le *Dispateh* de Richmond, il n'y a pas longtemps,
et Lee reconnaît officiellement que la garnison a
été renforcée par des troupes fraîches, quand le
dernier assaut du dimanche avait commencé. Mais
le général Grant s'était relevé avec tant de sou-
plesse du premier échec, que le second bombardement était ouvert avant que le *Nord* ait cessé de
répliquer au premier. La première attaque, par
suite des divers rapports officiels des généraux
Grant et Butler, avait déjà soulevé une effroyable
controverse, quelque chose comme le fameux duel
du *Midshipman aisé* — avec Grant dans un coin,
Buttler secondé par Weitzel dans l'autre, et Porter
dans le troisième. Le rapport de Grant a jeté une
lumière entièrement nouvelle sur la question de
l'échec du fort Fisher. Auparavant, nous n'avions
qu'un conflit d'opinions relativement à la force du
fort. Maintenant nous avons une contradiction
des faits avancés. Heureusement pour le pays,
Grant a vérifié immédiatement la chose qui pouvait
être la source d'une dissension mortifiante, en
montrant qu'on pouvait prendre le fort Fisher. Le

brillant exploit de Terry met fin au duel triangu-
laire, et nous pensons que le verdict universel pro-
noncera que Butler et Weitzel avaient des ailes.

C'est une très-belle chose que Grant ait donné
un commentaire verbal et Terry un commentaire
pratique des rapports de Buttler. Car jusque-là il
fallait bien adopter comme base de critique la substance des faits qu'ils avaient consignés. Notre
conclusion inévitable, même du point de vue de
Butler, était que d'abord, il n'y avait pas eu une
coopération convenable entre les forces de terre et
les forces navales ; en second lieu, que les deux
chefs avaient une défiance considérable contre leur
habileté professionnelle réciproque, ne disons rien
du courage ; en troisième lieu, que tandis que la
marine se portait de tout cœur à l'affaire, l'armée
en apparence était insouciante, apportait des re-
tards pour se mettre en route, et enfin se retirait
sans donner un assaut qui avait des chances de
succès. Nous pensons que les amis du *journal* qui
ont insinué que nous aurions été trop sévère en
blâmant le rôle de l'armée dans la première expédition, seront satisfaits de nous avoir vu appliquer
un émollient sur nos critiques. Une chose très-
importante et bien claire à présent, c'est que le gé-

néral Grant avait préparé la première expédition d'une manière complète et énergique, et qu'il ne s'attendait point à la voir échouer.

Le succès du général Terry établit le fait que les généraux Butler et Weitzel sont seuls coupables de l'échec précédent. Le général Butler s'efforçait de montrer que le retard de la marine avait été cause que la première attaque avait manqué en permettant au fort d'être renforcé. Le général Grant réplique qu'il avait excité à plusieurs reprises le général Butler à précipiter l'entreprise, et qu'à tout événement ce général avait apporté plus de retard que l'amiral Porter ; et il ajoute que la perte de temps la plus funeste devait être attribuée à Buttler en préparant son navire-poudrière. En fait, ce n'est pas le retard sur lequel on dispute qui ait rien dérangé ; car Terry, avec un tiers de troupes de plus que Weitzel, a enlevé le fort Fisher défendu par une garnison double de ce qu'elle était la première fois. La véritable faute du général Butler est sa décision fausse en alléguant que le fort ne pouvait pas être pris. Il paraît que le général Butler ne débarqua pas lui-même pour faire la reconnaissance, et se rendre compte en personne des possibilités qu'il avait pour manœuvrer et donner l'assaut. Peut-être s'il eût débarqué, il aurait vu des raisons pour risquer un assaut. Weitzel, qui était officier de génie, lui a probablement rapporté, en sa qualité d'officier de génie, que les ouvrages étaient susceptibles d'être défendus, et défendus à l'extrême. Mais il arrive souvent que quand un ingénieur déclare qu'un fort peut être défendu, le général en chef réplique qu'il peut et qu'il doit être pris ! Ce qui a paru long et dangereux comme les bancs de sable du cap *Fear* (1) à Butler faisant une reconnaissance le long du rivage avec la canonnière le *Chamberlain,* a présenté l'aspect du cap *Try,* au général Terry débarqué sur le rivage pour diriger ses colonnes d'attaque.

Plusieurs autres faits particuliers sont révélés par les dépêches du général Grant et de l'amiral Porter, mais nous faisons remarquer seulement les deux principaux. Le premier, c'est que le général Butler paraît avoir tout à fait mal compris les ordres du général *Grant.* Le dernier dit : « Mes dépêches au général Butler montreront que son rapport induit en erreur en affirmant qu'il est revenu, après avoir effectué un débarquement, pour

(1) *Fear* en anglais signifie craindre et *try* essayer. C'est là qu'est le jeu de mots.

se conformer à mes instructions. Les instructions, au contraire, n'embrassaient aucune perspective de retraite ou d'échec après un débarquement. » Le second fait a trait à la position singulièrement fausse dans laquelle le général Grant incline à placer le général Butler, en insinuant qu'il ne s'attendait pas et ne désirait pas que ce dernier accompagnât en rien l'expédition. Il aurait pu aller pour être témoin du bombardement, comme « ici un veilleur de Vienne, » ou comme le militaire Turveydrop, afin que chaque chose se fasse dans un style convenable et selon les règles ; mais on ne s'attendait pas qu'il jouerait le premier rôle dans l'affaire.

Après avoir jeté ce regard rapide sur l'échec, revenons-en au sujet plus agréable du succès. Là nous avons un exemple de ce que l'armée et la marine réunies sont capables de faire, quand elles opèrent ensemble dans une parfaite harmonie. L'assaut du fort Fisher passera à l'histoire comme l'un des plus beaux faits de guerre. Il faut se rappeler que le fort Fisher était un ouvrage en terre d'une force énorme. Un carré, avec des ouvrages bastionnés ayant quatorze ou quinze pieds de relief, d'après Butler et Weitzel, environné d'un fossé

plein d'eau presque aussi large, garanti contre la
force assaillante par un mur de troncs d'arbres qui
s'étendaient du fort vers la mer d'un côté et des
marais de la rivière du cap Fear au saillant de
l'autre côté. Dix-sept gros canons battaient le banc
et étaient protégés contre le feu de la marine par
des traverses hautes de huit à dix pieds, qui étaient
à l'épreuve de la bombe. C'était, dit le secrétaire
d'État Stanton, un ouvrage dont la force ne peut
pas être surpassée, en cas qu'elle ait été égalée et
que le général Beauregard avait déclaré « impre-
nable » quelques jours auparavant. Mettez dans
cette forteresse redoutable 2200 hommes, dont la
plupart étaient des vétérans des troupes de Lee,
éprouvés au feu des campagnes sous Richmond,
conduits avec habileté et disposés à combattre avec
désespoir, ainsi qu'ils l'ont fait. Notre vaillante
colonne d'assaut (sans compter les marins qui ont
été repoussés du fort) comptait moins de 4000
hommes. Cependant au milieu du torrent de boulets et d'obus qui pleuvaient sur eux, ils ont enlevé
l'étroite approche; escaladé le fort, et, après quelques heures d'un combat sanglant et désespéré,
disputant le terrain de traverse en traverse et pied

à pied, ils ont tout emporté avec ce qui restait de la brave garnison.

La chute du fort Fisher est la fin de chapitre des coureurs de blocus du port de Wilmington. C'est par conséquent un grand désastre pour les confédérés. Mais une longue expérience a rendu l'ennemi si habile à transformer ses défaites en victoires, qu'il excite parmi nos gens une impatience aussi grande que celle du prince Hal, quand Falstaff imaginait quelqu'invention pour couvrir chaque désastre nouveau qui lui était survenu. Le *Dispatch* de Richmond a l'honneur de prendre l'initiative dans ce sens, en annonçant que la perte du fort Fisher est une bénédiction déguisée : « Beaucoup de personnes sensées prétendent que Wilmington, considéré comme port de mer, nous a fait beaucoup plus de tort que de bien. Elles disent que les denrées importées par-là ne nous ont fait aucun profit, tandis que les millions de dollars, prix de notre coton, s'écoulaient par-là dans les mains de l'ennemi. » *Punch* a un carton qui représente un goudron anglais en Crimée, fumant sa pipe d'un air satisfait, tandis qu'une horloge de prix, ainsi que d'autres riches dépouilles, sont rassemblées à côté de lui, comme la part de

butin que Jack s'est appropriée dans ce que Gort-
schakoff appelait, les ruines sanglantes de Sébas-
topol. » Si le général russe avait pu s'élever au
niveau de l'audace du citoyen de Richmond, en
appelant bénédiction déguisée la prise de la cita-
delle, c'est ce qu'il est difficile d'affirmer. A tout
hasard, nous souhaitons aux confédérés toutes
sortes de bénédictions pareilles. Cependant nous
inclinons à penser que la chute du fort Fisher a été
une bénédiction si bien déguisée qu'il n'y avait
qu'un éditeur de Richmond qui pût la reconnaître.

EXPÉDITIONS CONTRE LE FORT FISHER.

PREMIÈRE EXPÉDITION.

Le général Grant au secrétaire de la guerre.

Quartier-général des armées des États-Unis.
City-Point, Virginie, 7 janvier 1865.

A l'honorable E. M. Stanton, ministre de la guerre.

Monsieur, — j'ai l'honneur de vous adresser ci-
contre les rapports du major-général Benjamin
F. Butler et de ses subordonnés, sur l'expédition
contre le fort Fisher, Caroline du Nord. Comme le

rapport du contre-amiral D.-D. Porter a été publié dans les journaux, je vous prie respectueusement de livrer aussi à la publicité ce rapport du général Butler avec toutes les pièces qui l'accompagnent.

Je suis, avec respect, votre très-obéissant serviteur.

U.-S. GRANT,
Lieutenant-général.

RAPPORT DU MAJOR-GÉNÉRAL BUTLER.

Quartier-général de la Virginie et de la Caroline du Nord. Armée de la rivière James, en campagne, 3 janvier 1865.

Au lieutenant-général U.-S. Grant, commandant les armées des États-Unis.

Général, — le 7 décembre dernier, conformément à vos ordres, j'ai fait marcher au campement près de Bermuda une force d'environ 6 600 hommes, composée de la division du général Ames, du 24e corps, et de la division du général Paine, du 25e corps, sous le commandement du major-général Weitzel.

Le 8, les troupes se sont embarquées au fort Monroë.

Le 9, vendredi, j'ai informé le contre-amiral

Porter que la portion de l'armée de l'expédition combinée dirigée contre Wilmington était prête à se mettre en route.

Nous avons attendu là le samedi 10, le dimanche 11 et le lundi 12.

Le 12, le contre-amiral Porter m'a informé que la flotte appareillerait le 13, mais qu'elle serait obligée de toucher à Beaufort pour prendre des munitions pour les monitors.

L'expédition ayant attiré l'attention, dans la crainte que sa destination ne fût connue de l'ennemi, afin de détourner son attention, le mardi 13, à 3 heures du matin, je donnai l'ordre à la flotte des transports de se diriger vers le Potomac pendant le jour (vers la pointe Matthias), de manière à être aperçue vers le *Northern-Neck* par les espions et les éclaireurs de l'ennemi, et de retourner sur ses pas pendant la nuit, afin de jeter l'ancre sous le vent du cap Charles.

Le mercredi ou 14, ayant ainsi donné à la marine une avance de 36 heures, je rejoignis la flotte des transports au large du cap Henry, et je mis en mer, arrivant au lieu du rendez-vous devant New-Inlet, près du fort Fisher, dans la soirée du jeudi 15.

Là, nous avons attendu la marine les journées du vendredi 16, du samedi 17 et du dimanche 18, où le temps a été aussi beau que possible et la mer très-belle.

Dans la soirée du 18, l'amiral Porter arriva de Beaufort au lieu du rendez-vous. Le soir, la mer devint forte, et le lundi 19, le vent fraîchit, de manière qu'il était impossible de débarquer les troupes, et sur l'avis transmis dans une lettre de l'amiral Porter, je dirigeai la flotte des transports vers le rendez-vous de Beaufort. C'était une nécessité, attendu que les transports étant approvisionnés d'eau et de charbon pour dix jours, avaient déjà attendu cet espace de temps : depuis la journée du 9 qu'ils avaient été prêts à mettre à la voile, jusqu'à la journée du 19.

Le 20 mardi, le 21 mercredi, le 22 jeudi et le 23 vendredi, il y eut coups de vent. J'étais occupé à faire de l'eau et du charbon pour les transports. Le *Baltic* ayant une grande provision de charbon, put rester au lieu du rendez-vous avec 1,200 hommes à bord, et le général Ames informa l'amiral Porter qu'il coopérerait avec lui.

Le 23, j'expédiai de Beaufort le capitaine Clerk de mon état-major, sur le premier steamer armé

qui put appareiller, le *Chamberlain*, à l'amiral
Porter, pour lui faire savoir que dans la matinée
du 24, je serais revenu au rendez-vous avec la
flotte des transports, pour commencer les opérations, si le temps le permettait.

Le 24, à 4 heures du matin, j'arrivai en vue
du port Fisher. L'expédition maritime était occupée à le bombarder, le navire-poudrière ayant auparavant sauté vers une heure du matin.

Je convins par l'intermédiaire du général Wietzel
avec l'amiral Porter, de commencer le débarquement à l'abri des canonnières, le lendemain dès
8 heures du matin, s'il était possible, aussitôt que
l'on aurait fait taire le feu de la demi-lune et des
batteries de la colline de Flag-Pond. Ces dernières
sont sur le rivage, 2 ou 3 milles au-dessus du fort
Fisher.

L'amiral Porter était tout à fait animé d'avoir
fait taire le canon du fort Fisher. On lui demanda,
s'il en était ainsi, de pénétrer par le fort dans la
rivière du cap Fear, et qu'alors les troupes pourraient débarquer et se tenir sur le rivage sans être
exposées aux obus des canonnières ennemies, car
on voyait le *Talahassee* dans la rivière.

Il faut remarquer que l'amiral Farragut n'avait

jamais pris un fort sans le dépasser et le couper
de manière à lui enlever tout espoir de renfort,
comme au fort Jackson et au fort Morgan; et que
durant la guerre, aucun feu de navire n'a pu faire
taire un fort casematé; que si l'amiral entrait ses
navires dans la rivière, l'armée pourrait les appro-
visionner à travers l'isthme, comme nous avions
proposé à l'amiral Farragut de le faire au fort
Saint-Philippe; qu'au moins nous rendrions effectif
le blocus de Wilmington, si nous ne pouvions pas
prendre le fort.

L'amiral répliqua à cela qu'il perdrait probablement un bateau par les torpilles s'il essayait
d'entrer. On lui fit observer que l'armée pouvait
perdre 500 hommes dans l'assaut, et que son bateau ne pouvait un moment peser dans la ba-
lance, même au point de vue de l'argent, avec la
vie de nos hommes. L'amiral refusa d'avancer au-
delà du fort, et l'expédition fut privée de son élé-
ment de succès le plus essentiel.

Le 25, à midi, dimanche, le capitaine Glesson,
commandant la division de la flotte destinée à nous
couvrir, rapporta que les batteries avaient été ré-
duites au silence, et que son navire était en position de couvrir notre débarquement. La flotte

des transports suivit mon bâtiment-pavillon qui
restait mouillé à moins de 800 yards du rivage, et
commença à débarquer tout à la fois. Le débarquement s'effectua heureusement. Trouvant que
le détachement des éclaireurs qui venait d'être débarqué pouvait tenir à terre, je me décidai à débarquer une force avec laquelle on pouvait tenter
l'assaut. Le brigadier-général breveté Curtis, a
bien mérité pour son courage et sa conduite ;
il poussa immédiatement sa brigade en avant à
quelques 100 yards du fort Fisher, capturant la
batterie de la demi-lune, et les hommes qui furent emmenés par les embarcations de la marine.
Cette ligne d'escarmouche s'est avancée à 65 yards
du fort, protégée par le glacis qui avait été construit de telle façon qu'il formait un abri. — La
garnison était complètement retirée dans ses casemates à cause du feu de la marine, qui était très-
rapide et continuel, les obus éclatant avec beaucoup
d'exactitude sur l'ouvrage. En ce moment, nous
perdîmes dix hommes blessés sur la ligne d'escarmouche par les obus de la flotte. Quittant mon
bâtiment-pavillon, je fus à bord du *Chamberlain*,
et m'avançai à quelquelques centaines de yards du
fort, de manière qu'il était tout à fait visible. Il

me parut être un carré bastionné avec des ouvrages d'un grand profil, d'environ 15 pieds, environné d'un fossé plein d'eau, large aussi de
15 pieds. Une palissade s'étendant du fort à la
mer d'un côté, et des marais de la rivière du cap
Fear au saillant de l'autre côté, l'empêchait d'être
investi par une force assaillante.

On n'a fait aucun dommage matériel au fort en
tant qu'ouvrage défensif. 17 gros canons tiraient sur
le rivage, protégé contre le feu de la marine par des
traverses hautes de 8 à 10 pieds, qui étaient probablement à l'épreuve de la bombe. Il était facile
de conserver cette position, mais les obus de la
marine qui tenaient l'ennemi renfermé dans ses
casemates, devaient tenir mes troupes à l'écart :
quand ils cessaient de tomber, le parapet était complètement garni de monde.

Le lieutenant Walling, du 142ᵉ New-York,
s'avança jusqu'au bord du fossé, et prit un pavillon qui avait été abattu par un obus de la marine.
C'est par erreur qu'on a cru, ainsi qu'on me l'a-
vait d'abord rapporté, qu'aucun soldat soit entré
dans le fort. Une ordonnance a été tuée à environ
un tiers de mille du fort et son cheval pris.

Pendant le même temps, le reste de la divi-

sion Ames a pris 218 hommes et 10 officiers
commissionnés des réserves de la Caroline du
Nord, et d'autres prisonniers. J'ai appris par eux
que les brigades Kirkland et Hapgood, de la division Hoke, avaient quitté les lignes de l'armée du
James, près Richmond, et étaient à 2 milles en
arrière de mes forces, que leurs tirailleurs étaient
alors engagés, et que le reste de la division de
Hoke était arrivé à Wilmington la nuit précédente,
et était maintenant en marche. J'ai appris aussi que
ces troupes avaient quitté Richmond le mardi 20.
Connaissant la force de la division Hoke, j'avais
à dos une force supérieure à la mienne. Au même
moment, le temps prenait un aspect menaçant.
Le ressac commença à rouler de telle sorte que le
débarquement devenait difficile.

Dans le même moment, le général Weitzel me
faisait le rapport qu'il était impossible de donner
l'assaut aux ouvrages avec quelque chance de succès, d'après son jugement et celui des officiers
supérieurs placés sous son commandement, qui
avait été en escarmouche. Son opinion coïnci-
dait avec la mienne, et quoique je regrettasse beaucoup d'être dans la nécessité d'abandonner l'entreprise, mon devoir était évident. Aucun ouvrage

aussi fort que le fort Fisher n'avait été enlevé
d'assaut pendant la guerre. Et j'avais pour me
guider mon expérience au fort Hudson, avec ses
milliers d'hommes tués dans un assaut manqué
et le double assaut du fort Wagner, où des milliers
d'hommes furent sacrifiés en essayant de prendre
un ouvrage moins fort que le fort Fisher, après
qu'il avait subi un feu aussi sévère et aussi pro-
longé; et dans aucun des exemples que j'ai mentionnés, on n'avait à dos une force ennemie double
de la force d'attaque ainsi que je l'avais.

J'ordonnai en conséquence qu'on ne donnerait
pas d'assaut, et que les troupes seraient rembarquées. Pendant que je surveillais les préparatifs
du rembarquement, le feu de la marine cessa. A
l'intant les canons du fort furent complètement
armés, et un feu très-vif de mousqueterie, de
grappes de raisin et de boîtes à mitrailles balaya
l'endroit sur lequel les colonnes d'attaque auraient eu à passer, et la ligne des tirailleurs revenait.
Malgré toute la diligence que nous pûmes y mettre,
il fut impossible de rallier les troupes à bord, avant
que la mer ne fût devenue si forte, qu'il était impossible d'embarquer, ou même d'envoyer des munitions au rivage. Je restai au mouillage sur la côte

jusqu'à 11 heures du matin, le lendemain 26, quand
ayant fait toutes les dispositions pour prendre les
troupes à bord, je donnai l'ordre à la flotte des
transpords de faire voile pour la forteresse de
Monroë aussitôt qu'elle serait prête, conformément
aux instructions du lieutenant-général.

J'appris par les déserteurs et les prisonniers,
que la supposition d'après laquelle le lieutenant-
général avait commandé l'expédition était exacte
(on avait dégarni Wilmington de ses troupes pour les
opposer au général Shermann) : qu'au moment où
l'armée arriva dans Wilmington, il y avait moins
de quatre cents hommes de garnison dans le fort
Fisher et moins de mille hommes dans un rayon
de vingt milles ; mais que le retard de trois jours de
beau temps le 16, le 17 et le 18 pendant lesquels
nous avions attendu la marine, et le retard subsé-
quent par suite de la terrible tempête des 21, 22 et
23 avait donné le temps d'amener des troupes de
Richmond, trois divisions qui étaient arrivées ou en
route.

Les instructions que le lieutenant-général m'a-
vait données ne prévoyaient pas un siége. Je n'avais
ni équipage de siége, ni ce qu'il fallait dans cette
prévision. La nécessité d'un délai possible que le

lieutenant-général avait prévue, était devenue évidente; — le renfort de la garnison, avec le fait que la marine avait épuisé toutes ses munitions pour le bombardement — ne me laissait pas d'autre alternative que de retourner avec l'armée à l'armée du James.

Il faut voir la cause immédiate de l'échec de l'expédition dans la perte des journées des vendredi, samedi et dimanche 16, 17 et 18 décembre. Il ne m'appartient pas d'insinuer aucun blâme envers la marine pour son retard de quatre jours à Beaufort. Je ne connais aucune des raisons qui peuvent le justifier ou non. Il faut présumer qu'elles sont suffisantes. Je suis heureux d'appeler l'attention du lieutenant-général sur la conduite des troupes, des officiers et des hommes, qui a été aussi excellente qu'on pouvait le désirer. J'ai des obligations particulières au capitaine Glesson du *Santiago-de-Cuba*, pour l'habileté avec laquelle il a couvert notre débarquement; au capitaine Alden, du *Brooklyn*, pour la rapidité avec laquelle ses canons ont débarrassé la plage de tous ceux qui pouvaient nous faire obstacle. Au moment du débarquement, le lieutenant Farghar, de la marine, qui commandait les embarcations, mérite des élo-

ges pour l'adresse et l'énergie avec laquelle il a
manœuvré au milieu du ressac. Je dois recommander d'une manière spéciale le brigadier-général Graham et les officiers et les hommes de sa brigade navale, pour l'organisation de ses bateaux et
de leurs équipages pour débarquer, et pour l'infa-
tigable énergie qu'ils ont déployée pour le rembarquement pendant la nuit tempétueuse du 27 et le
jour suivant. A cause de ce service et d'autres services méritoires, pendant la campagne à partir du
1ᵉʳ mai, et qui ont été portés à la connaissance du
lieutenant-général dans mes rapports antérieurs,
je recommande vivement le général Graham pour
l'avancement.

Nous avons fait trois cents prisonniers y compris
deux officiers — deux canons rayés, deux petits canons et six caissons. L'armée a eu un homme noyé,
deux blessés, un officier fait prisonnier par accident en rôdant dans nos avant-postes, deux
autres blessés aux avant-postes par les obus de la
marine.

Toujours réservé à mentionner en les recomman-
dant les actes de mon propre état-major, cependant
je pense que les troupes qui les ont vus ont été sa-
tisfaites du sang-froid et du courage du lieutenant

Sidney de Kay, en débarquant dans la nuit du 25, en restant et aidant au rembarquement le 27. Pour les détails du débarquement et des opérations, je laisse la parole aux rapports du major-général Weitzel, commandant les troupes, et du brigadier-général Ames, commandant la division, qui sont ci-joints.

Espérant que mes actes seront approuvés du lieutenant-général, je lui soumets avec respect ce rapport.

Benjamin F. BUTLER.

Major-général.

RAPPORT DU MAJOR-GÉNÉRAL WEITZEL.

Quartier général du 25° corps d'armée en campagne.
Virginie, 11 décembre 1864.

Au brigadier-général J. W. Turner, chef d'état-major, département de la Virginie et de la Caroline du Nord.

Général, — conformément à mes ordres, je me suis mis en marche dans la soirée du 7 courant avec environ sept mille hommes de la seconde division du général Ames, 24° corps ; et la première division du général Paines, 25° corps, vers l'arrière de la gauche de nos lignes à *Bermuda-Hundred*, et j'ai bivouaqué pour la nuit à la tour des signaux. Pendant la nuit j'ai reçu l'ordre du général-commandant de me mettre en marche le lendemain matin au point du jour à Bermuda Hundred et d'embarquer sur les transports qu'on me procurerait pour aller au rendez-vous de la forteresse de Monroë. La chose fut faite ainsi. Nous y restâmes mouillés jusqu'au 13 courant, attendant que la marine fût prête et que le temps s'améliorât.

Le 13, à trois heures du matin, la flotte des transports, par ordre du général Butler, se mit en marche pour la baie de Chesapeake et la Pointe-Mathias dans la rivière Potomac, elle retourna sur ses pas le lendemain et mit en mer — elle se trouvait au large du rendez-vous de Masonboro-Inlet, dans la soirée du 15. Nous y sommes restés au mouillage jusqu'à la soirée du 18, quand l'amiral Porter est arrivé. Pendant les soixante heures de ce séjour, le temps avait été parfaitement calme et la mer belle ; mais dans la soirée du 18, la mer grossit et il devint impossible aux troupes de débarquer sur la plage. Il fut en conséquence demandé à l'amiral Porter de différer l'attaque jusqu'à ce que la mer redevenue belle nous permît d'y coopérer.

Le temps devint plus mauvais, la mer plus dure et pendant les journées des 20, 21, 22 et 23, il y eut un coup de vent qui obligea la plupart des navires de la flotte des transports à chercher un abri dans le port de Beaufort et de s'y ravitailler d'eau et de charbon.

Le 24, aussi matin que possible, nous quittâmes le port de Beaufort pour New-Inlet et nous trouvâmes à notre arrivée un peu avant la nuit, la marine occupée à bombarder le fort Fisher. Un peu après la nuit, par ordre du général-commandant, je fus à bord du navire-amiral, accompagné du lieutenant-colonel Comstok, aide de camp de l'état-major du général Grant, et j'appris de l'amiral Porter que la poudrière flottante avait sauté le même jour à minuit quarante minutes, tout près du fort Fisher, et qu'il avait commencé l'attaque au point du jour, tirant son premier boulet après midi et que les rebelles avaient riposté avec peu ou point d'entrain, et il paraissait fort convaincu que la prise du fort était facile. Je rendis compte au général Butler à mon retour à bord, et je reçus l'ordre de débarquer un détachement de 500 hommes le jour suivant, pour faire une reconnaissance, en passant aussi près que possible du fort

Fisher pour m'assurer de sa véritable condition et
de lui en rendre compte, en sorte que si l'on trouvait l'assaut praticable, on fît débarquer toutes les
troupes pour donner l'assaut. A cinq heures et demie le lendemain matin, je vis l'amiral Porter et nous
arrêtâmes ensemble les détails pour protéger et faire
le débarquement des troupes. Aussitôt que tous les
transports furent arrivés et que tous les préparatifs
eurent été faits, 500 hommes du 112ᵉ volontaires
de New-York, brigade du général Curtis, de la division Ames, tous sous le commandement du brigadier général breveté Curtis, furent débarqués sur le
rivage à environ trois milles au-dessus du fort Fisher.
Je les accompagnai en personne. Notre débarquement fut couvert par une division de 12 canonnières, sous le commandement du capitaine Glason
de la marine des États-Unis, et la corvette de guerre
Brooklyn, capitaine Alden. Nous étions aidés par
les embarcations de ce bâtiment et des autres navires. Aussitôt le débarquement opéré, je donnai
l'ordre au général Curtis de descendre le rivage
avec sa troupe aussi loin qu'il pourrait. Il poussa
ses tirailleurs jusqu'à quelques yards du fort Fisher
après avoir obtenu sur sa route la reddition de la
batterie de la colline de Flag-Pond, la marine prit

possession du drapeau et de la garnison de cette
batterie aussitôt qu'on eut hissé le drapeau blanc,
avant que nos hommes courant à toute vitesse
n'aient pu l'atteindre. J'allai en personne accompagné du 142ᵉ volontaires de New-York jusqu'à
environ 800 yards du fort Fisher à un point d'où
j'avais une bonne vue de l'ouvrage. D'après ce que
j'ai vu en cet endroit et auparavant, et d'après ce
que j'ai appris de sources que je considère comme
dignes de confiance, j'ai pensé que l'ouvrage est un
carré bastionné. Il a un profil élevé, un fossé large
et profond, sauf du côté de la mer où il y a un glacis; ses casemates à l'épreuve de la bombe sont
asssez grandes pour contenir la garnison. Je comp-
tai dix-sept canons montés, portant sur la plage,
et entre chaque paire de canons, il y avait une traverse si large et si élevée au-dessus du parapet que
je ne doute pas qu'elles ne soient toutes à l'épreuve
de la bombe. Une palissade courait de la contres-
carpe de l'angle nord-est de l'ouvrage au bord de
l'eau du côté de la mer. J'ai vu parfaitement que
l'ouvrage n'avait subi aucune avarie matérielle par
suite du feu des obus de la marine, bien qu'il ait
été très-bien dirigé, et ayant un souvenir distinct
et vivace du bombardement du fort Jackson, de

Wickburg, de Charleston et du fort Wagner, et
me rappelant que dans tous ces exemples, on a
dirigé un énorme feu d'obus sans faire que très-
peu de dommage, me rappelant très-bien des deux
assauts malheureux donnés au fort Wagner, tous
deux donnés dans des circonstances quatre fois
plus favorables que celle dans laquelle nous nous
trouvions, je retournai ainsi que j'en avais reçu
l'ordre vers le major-général-commandant; je le
trouvai sur la canonnière le *Chamberlain*, à petite
portée et en vue de l'ouvrage et je lui rendis compte
avec franchise que ce serait une boucherie que
d'ordonner un assaut contre le fort dans la circonstance. Après avoir examiné lui-même avec
soin, il est arrivé à la même conclusion et ordonna
aux troupes de rembarquer. L'ordre fut exécuté
le mardi matin. Pendant l'intervalle du moment
où j'ai laissé le détachement du général Curtis et
son rembarquement, ce général a exécuté plusieurs
opérations qui ont eu pour résultat de faire prisonniers 7 officiers et 220 hommes. Ce qui fait un
total d'environ 300.

On a dit que le lieutenant N. H. Walling du
142e des volontaires de New-York, avait été sur
le parapet du fort Fisher. Il mérite un prompt

avancement pour cet acte de bravoure personnelle.

Je m'en réfère très-respectueusement aux rapports ci-joints des généraux Ames et Curtis pour les détails de ce qui a suivi.

Vous y verrez que notre perte totale est : 1 officier pris, 1 homme blessé dans le rembarquement, et 15 hommes blessés presque tous par nos propres forces navales.

La garnison de la batterie de la colline de Flag-Pond, appartenait à la brigade Kirkland de la division Hoke, et tous ont rendu compte qu'ils avaient quitté Richmond le mardi précédent. Nous avons appris par ces prisonniers et par d'autres, que les brigades Kirkland et Hapgood étaient déjà arrivées, et que le reste de la division Hoke était en route. Le brigadier-général Graham était chargé de nos bateaux et de notre matériel de débarquement avec sa troupe, et il mérite les plus grands éloges pour son habileté à les organiser, et l'énergie qu'il a montrée lui et ses troupes pendant l'embarquement et le rembarquement de l'expédition.

Je suis, avec le plus profond respect, votre obéissant serviteur,

G. WEITZEL,
major-général des volontaires.

RAPPORT DU BRIGADIER GÉNÉRAL AMES.

Quartier général de la seconde division 24ᵉ corps.
28 décembre 1864.

*Au capitaine Wheeler, aide-adjudant général du général
Weitzel.*

Capitaine, — j'ai l'honneur de vous soumettre
le rapport suivant, des mouvements de cette division depuis le 7.

Le 7, au coucher du soleil, ce commandement
qui comptait environ 3,500 hommes et officiers,
a levé son camp et s'est mis en marche sur la
rivière Appomatox. Le lendemain de bon matin, il
se mettait en marche à Bermuda-Hundred, où il
s'embarqua sur les transports de l'Océan.

La première brigade, commandée par le brigadier-général breveté A. M. Curtis, fut mise
à bord des steamers *C. Thomas* et *Weybosset;*
la seconde brigade, commandée par le colonel
G. A. Penny-Packer, à bord des steamers *Pewit,*
L.Moore et *Idaho;* et la troisième brigade, commandée par le colonel L. Bell, à bord du *Baltic*
et du *Haze;* la seizième batterie de New-York,
capitaine Lee, sur le steamer *Starlight.*

Le 13, à 3 heures du matin, la flotte des transports fit voile de la forteresse de Monroë pour la pointe Matthias. Arrivée en ce lieu à la nuit, elle vira de bord et se dirigea sur le cap Henry. Elle fut arrêtée avant de gagner la pleine mer, et reçut l'ordre de mouiller près de la côte orientale. Elle y resta environ jusqu'à midi. Alors elle se remit en route et gagna le large.

Nous sommes arrivés au rendez-vous, 20 milles à l'est de Masonboro-Inlet, Caroline du Nord, dans la soirée du 15. Nous y sommes restés jusqu'à la soirée du 20, au commencement d'un coup de vent qui obligea la plupart des transports à relâcher à Beaufort, Caroline du Nord, pour se mettre en sûreté. Dans la matinée du 24, la flotte aux ordres de l'amiral Porter se mit en route pour New-Inlet. En apprenant que la marine allait ouvrir le feu sur le fort Fisher, j'informai l'amiral Porter que j'avais avec moi 1,000 à 1,200 hommes, que j'étais prêt et très-envieux de coopérer avec lui.

Le 25 au matin, les quatre bâtiments mouillèrent tout près du rivage, environ 2 milles et demi au nord du fort Fisher, et commencèrent immédiatement les préparatifs du débarquement.

Le brigadier-général breveté Curtis et 500 hommes de sa brigade furent les premiers à débarquer. Je descendis à terre pendant le débarquement de ma seconde brigade. Peu après mon arrivée, l'ennemi ouvrit un feu léger d'infanterie. Il fut vivement éteint par nos tirailleurs. Bientôt après, survint un déserteur qui déclara que la brigade Kirkland de la division de Hoke était en face de nous. J'envoyai immédiatement cet homme au major-général, commandant le département.

Aussitôt la brigade du colonel Bell débarquée, je l'ai mise en marche le long du rivage pour soutenir le brigadier-général breveté Curtis, laissant aux troupes qui étaient alors à terre, et qui arrivaient rapidement, la tâche de repousser toute attaque que l'ennemi aurait pu tenter. Les rapports indiquaient qu'une force imposante de l'ennemi était proche. Il faisait nuit sombre quand j'atteignis l'avant de nos lignes. J'appris là, que la première brigade devait rester où elle était jusqu'à nouvel ordre, et que si une attaque était faite sur le fort, la responsabilité en incomberait à l'officier même qui l'aurait commandée. A ce moment, je ne savais pas qu'il avait été décidé qu'on n'attaquerait pas le fort, et que les troupes devaient se rembarquér; Sur le rapport du brigadier-général breveté Curtis, qu'il pouvait prendre le fort, j'envoie sa brigade en avant pour faire l'entreprise. Quand il atteignit sa position, il faisait noir, et la marine avait presque entièrement cessé le feu. Les troupes qui pendant le jour avaient dû chercher un abri, armaient maintenant hardiment leurs canons. L'attaque eût-elle été faite, elle aurait échoué. Elle ne fut pas faite. En ce moment, je reçus l'ordre de revenir et de rembarquer. Tout le monde retourna aux transports, excepté une partie de la première brigade, qui à cause du ressac fut forcée de rester à terre jusqu'au 27, quand la mer fut suffisamment calmée pour permettre le rembarquement.

Je ne puis faire trop d'éloges des officiers et des hommes, non-seulement quand ils étaient entassés à bord des navires, mais aussi quand ils se trouvèrent à terre en contact avec l'ennemi. Le lieutenant H. Walling du 142e volontaires de New-York, a enlevé le drapeau du parapet du fort Fisher. Il mérite une récompense pour son action. Le général Curtis recommande ce lieutenant Walling pour un brevet de major. Je l'approuve cordialement.

Le colonel Dagget, commandant le 117° volontaires de New-York, a fait environ 220 prisonniers.
Le rapport du général breveté Curtis est ci-inclus.

Mon commandement a une grande obligation
envers la brigade navale, pour le service efficace
et dangereux qu'elle a rendu en prenant les troupes
sur la plage par un fort ressac. Nous avons perdu
1 officier qui avait passé, par accident, de nos
avant-postes dans ceux de l'ennemi, et 1 soldat
noyé dans le ressac. Il y a eu 10 ou 15 hommes
blessés.

J'ai l'honneur d'être, avec un profond respect,
votre obéissant serviteur,

A. AMES,

brigadier-général des volontaires.

APOSTILLE DU GÉNÉRAL GRANT.

Quartier général des armées des États-Unis, à City-Point, Virginie,
7 janvier 1865.

Pour éviter la publicité de l'époque de l'appareillage et de la destination de l'expédition contre
le fort Fisher, mes ordres de la préparer n'avaient

été donnés que verbalement au général Butler, et
les instructions aux officiers commandant avaient
été faites par lui et m'avaient été soumises. Je joins
au rapport, une copie des instructions du général
Butler au général Weitzel, et en même temps la
copie de mes dépêches et instructions au général
Butler relativément à l'expédition. On y reconnaî-
tra qu'on n'avait jamais eu en vue que le général
Butler dût accompagner l'expédition, mais que le
major-général Wietzel était spécialement nommé
commandant en chef.

Mes espérances de succès reposaient entièrement
sur ce que nous étions capables de prendre le fort
Fisher, et j'avais même l'espoir d'atteindre Wilmington avant que l'ennemi pût y mettre des
troupes. Je savais que l'ennemi avait pris presque
toute la garnison de Wilmington pour l'opposer à
Shermann. Je suis porté à incriminer le délai qui
nous a coûté une si chère expérience. Je la com-
pare à l'explosion de la poudre à canon en plein
air.

Mes dépêches au général Butler montreront que
son rapport fait erreur, quand il affirme qu'il
est revenu après avoir effectué un débarquement,
pour obéir à mes instructions. Au contraire, ces

instructions n'avaient pas en vue une retraite ni un échec après le débarquement.

U. S. GRANT,

lieutenant-général.

INSTRUCTIONS DU GÉNÉRAL BUTLER AU GÉNÉRAL WEITZEL.

(CONFIDENTIEL.)

Quartier-général, département de la Virginie et de la Caroline du Nord, armée du James, 6 décembre 1864.

Au major-général Weitzel, commandant le 25° corps.

Général, — le major-général commandant vous a confié le commandement de l'expédition qui doit s'embarquer pour la côte de la Caroline du Nord. Elle se compose d'environ 6,500 hommes d'infanterie, 2 batteries d'artillerie et 50 cavaliers. L'effectif des hommes de la division du 24° corps, général Ames, et de la division du général Paine, 25° corps, vous fournira les forces d'infanterie. Le général Paine est sous vos ordres. Le général Ames recevra l'ordre de prendre vos ordres en per-

sonne. Vous vous entendrez avec ces deux officiers pour arranger les détails, en leur donnant des
instructions pour choisir les meilleurs hommes,
de manière à vous composer une force d'environ
6,500 hommes. Dans une conférence avec vous,
le chef de l'artillerie désignera l'artillerie que l'on
doit prendre. On laissera les chevaux des batte-
teries, excepté un cheval par officier et chef de
pièce. Prenez un jeu de roues de rechange avec
leurs accessoires. On donnera l'ordre à 50 hommes
de la cavalerie de Massachussett de se mettre à
votre disposition. Quarante ambulances à deux
chevaux avec les médicaments nécessaires, ont
été choisies pour l'expédition ; il faudra les répar-
tir sur au moins deux bâtiments. Prenez soixante
coups de munitions sur les hommes, et cent coups
que vous répartirez dans des boîtes sur la flotte.
Si le train des équipages de votre division ne peut
vous fournir le total dont vous avez besoin, la
différence vous sera fournie par le chef d'artillerie
au point d'embarquement. Vous prendrez des
munitions pour tirer trois cents coups par canon.
Comme les coffres des avant-trains et des caissons
ne peuvent en tenir autant, le surplus sera mis
dans des boîtes au point d'embarquement. Que

chaque régiment emporte avec lui sur les transports cinq jours de rations, dont trois jours de
viande cuite. On prendra vingt jours en plus à
la forteresse de Monroë, et on les répartira sur la
flotte. On ne prendra que des rations de campagne.

Il sera alloué deux mules de bagages pour le
quartier-général des divisions et brigades. Les officiers montés ne prendront qu'un cheval pour
leur usage personnel. Le quartier-maître en chef
a reçu l'ordre de fournir le harnachement de
150 mules. On espère trouver les bêtes dans le
pays ennemi. Le quartier-maître en chef fournira
aussi un équipage de quai et quelques objets de
débarquement, etc. On embarquera trente lan-
chons à la forteresse Monroë. L'officier en chef des
signaux a reçu des instructions pour ordonner à des
officiers et à des hommes de sa spécialité de vous
obéir. Le lieutenant Parson est aussi à votre disposition avec une compagnie du génie. On vous a
préparé 500 pelles, 200 haches et 100 pioches. On
espère que les moyens de transport seront prêts
demain à Deep-Bottom.

Vous recevrez les ordres du major-général
commandant pour le surplus des instructions.

Je suis, avec un profond respect, votre obéissant serviteur,

JOHN-W. TURNER,
brigadier-général et chef d'état-major.

H-C. CLARK, capitaine et aide de camp.

APOSTILLE.

Soumis très-respectueusement au lieutenant-
général Grant, pour qu'il en prenne connaissance,
et en le priant avec instance de vouloir bien donner toutes les indications qui se présenteront à lui
pour aider l'affaire.

B.-F. BUTLER,
major-général, commandant.

T.-S. BOWERS, aide adjudant-général.

COMMUNICATION DU GÉNÉRAL GRANT AU GÉNÉRAL BUTLER.

Quartier-général des armées des Etas-Unis,
à City-Point, 30 novembre 1864.

Au major-général Butler:

J'ai parcouru les lignes des journaux de Savannah et d'Augusta du colonel Mulfort, d'où j'au-

gure que Bragg est allé en Georgie en emmenant
ce qui me paraît être la plus grande partie des
forces du voisinage de Wilmington. Il serait donc
fort important que Weitzel fît une sortie pendant
qu'il est absent, et s'il est assez heureux pour débarquer, il peut par un coup de main enlever
Wilmington. Faites toutes les dispositions pour
son départ de manière que la marine ne soit pas
retardée un instant par l'armée.

Avez-vous ordonné à Palmer de faire le mouvement projeté hier? Il est important qu'il ait lieu
sans différer.

U.-S. GRANT,
lieutenant-général.

T-S. BOWERS, aide adjudant-général.

Quartier-général des armées des États-Unis,
à City-Point, Virginie, 4 décembre 1864.

Au major-général Butler :

Je suis très-inquiet de voir partir l'expédition de
Wilmington, tant à cause de l'état actuel du temps
que nous ne pouvons pas espérer voir durer longtemps, que parce que l'on doit s'attendre à pré-

sent à ce que Shermann aborde la côte, et donne à Bragg la faculté de revenir. Je pense qu'il est à propos d'en informer l'amiral Porter et de partir sans délai avec ou sans le bateau-poudrière.

> U.-S. GRANT,
> lieutenant-général.

T.-S. BOWERS, aide ajudant-général.

Quartier-général des armées des États-Unis, City-Point, Virginie, 6 décembre 1864.

Au major-général B.-F. Butler, commandant l'armée du James.

Je vous avais envoyé une dépêche chiffrée avant de recevoir vos instructions au général Weitzel. Je pense à propos de l'informer que tout l'embarquement devrait se faire à Bermuda. Il faudrait, je pense, prendre un outillage de tranchée trois ou quatre fois plus considérable.

> U.-S GRANT,
> lieutenant-général.

S.-S. BOWERS, aide-ajudant-général.

Quartier-général des armées des Etats-Unis,
City-Point, 6 décembre 1864.

*Au major-général Butler, commandant l'armée du
James.*

Général, — le premier objet de l'expédition
sous le général Weitzel est de fermer à l'ennemi
le port de Wilmington. Si l'on y réussit, le second
point sera de prendre Wilmington. Il y a des
motifs raisonnables d'espérer qu'on réussira, si
l'on peut mettre à profit l'absence d'une grande
partie des forces de l'ennemi, occupées après
Shermann en Géorgie. La direction que vous avez
donnée relativement au nombre et à l'équipe-
ment de la division est tout à fait bonne, sauf dans
le point le moins important du lieu où on embarquera, et de la quantité d'outils de tranchées
que l'on doit prendre. On atteindra l'objet de l'expédition en opérant le débarquement sur la langue
de terre qui sépare la rivière James de l'océan
Atlantique, au nord de l'entrée nord de la rivière. Si le débarquement s'effectue ainsi, et que
l'ennemi se soutienne dans le fort Fisher et les
batteries qui défendent l'entrée de la rivière, les

troupes devront se retrancher, réduire et prendre leurs objectifs, avec la coopération de la marine. Quand ils seront entre ses mains, la marine pourrait entrer en rade et de cette façon le port de Wilmington serait fermé. Si le fort Fisher et la pointe sur laquelle il est bâti tombent entre nos mains aussitôt que les troupes seront débarquées, ce sera une belle affaire de s'avancer à marche forcée sur Wilmington et de surprendre la ville. Si l'on perd du temps pour obtenir le premier objet de l'expédition, le second point sera le sujet d'une considération ultérieure. Les détails de l'exécution vous sont confiés ainsi qu'à l'officier qui commande directement les troupes. Si les troupes du général Weitzel manquent leur débarquement au fort Fisher ou dans le voisinage, on les ramènera sans délai à l'armée d'opération contre Richmond.

U.-S. GRANT,

lieutenant-général.

T.-S. -BOWERS, aide-adjudant-général.

Quartier-général des armées des États-Unis,
City-Point, Virginie, 7 décembre 1864.

Au major-général Butler.

Faites prendre le large au général Weitzel aussitôt
que possible. Il ne faut pas que la marine attende
une heure.

U.-S. GRANT,
Lieutenant-général.

T.-S. BOWERS, aide-adjudant-général.

Quartier-général des armées des États-Unis,
City-Point, Virginie, 11 décembre 1864.

Au major-général Butler, à la forteresse Monroë.

Les feuilles de Richmond du 10 montrent que,
le 7, Shermann se trouvait à l'est de l'Ogeeche et
à moins de 25 milles de Savannah, après avoir fait
18 milles la veille. Si vous ne partez pas immédiatement, vous perdrez la chance de surprendre une
faible garnison.

U.-S. GRANT,
Lieutenant-général.

T.-S. BOWERS, aide-adjudant-général.

Quartier-général des armées des États-Unis,
City-Point, Virginie, 14 décembre 1864.

Au major-général Butler, forteresse Monroë.

A quel propos a-t-on conçu votre expédition ? C'est
une grande pitié que nous n'ayons pas dix à douze
jours devant nous. Je suis sûr que nous aurions
réussi. Avez-vous appris quelque chose de Palmer ?
Les feuilles de Richmond ne disent rien des Fédé-
raux sur le Roanoke ou sur le chemin de Wildon,
au sud de Wildon.

U.-S. GRANT,
Lieutenant-général.

T.-S. BOWERS, aide-adjudant-général.

LA SECONDE EXPÉDITION.

Washington, mardi 17 janvier, 10 h. 40 du matin,

Au major-général J.-A. Dix.

Les dépêches officielles suivantes viennent d'être
reçues dans ce département :

Quartier-général des forces des États-Unis, à Fédéral-
Point, Caroline du Nord, 15 janvier.

Via, forteresse Monroë, 17 janvier.

Au brigadier-général J.-A. Rawlins.

Général, — j'ai l'honneur de vous informer que
le fort Fisher a été enlevé d'assaut cet après-midi
et pendant la soirée par la division du général Ames
et la seconde brigade de la 1re division du 24e corps
d'armée, bravement secondés par un bataillon de
marine et des matelots de la marine. L'assaut avait
été précédé d'un très-fort bombardement par la
flotte fédérale, et a été donné à 3 h. 50 après midi,
quand la 1re brigade, celle de Curtis, division
Ames, fut parvenue à se loger sur le parapet;
mais on n'a été complètement maître de l'ouvrage
qu'à 10 heures du soir. La conduite des officiers et
des hommes a été admirable. Tous les ouvrages au
sud du fort Fisher sont maintenant occupés par
nos troupes. Nous n'avons pas moins de 1200 prisonniers, y compris le général Whiting et le colonel Lamb, commandant du fort. Je regrette
d'avoir à vous dire que notre perte est très-sévère,

particulièrement en officiers. Je ne suis pas encore
en mesure d'estimer le nombre des morts.

Signé : ALFRED H. TERRY,
Major-général breveté, commandant l'expédition.

Fort Fisher, 16 janvier, 2 heures du matin.

Après une reconnaissance soignée le 14, il fut
décidé qu'on tenterait l'assaut du fort Fisher. La
division Paine, avec la brigade du colonel Abbott,
devait garder nos lignes fortifiées à travers la péninsule et faire face à Wilmington contre Hoke,
pendant que la division Ames monterait à l'assaut
du côté de l'ouest. Après trois heures d'un feu
très-vif de la part de la marine, le 15, à 3 heures
après midi, la brigade Curtis marcha en tête, et
aussitôt qu'elle fut établie du côté ouest de la
courtine, elle fut suivie par celle de Pennybacker
et enfin par celle de Bell. Après un combat désespéré, avançant pied à pied avec une grande perte
de monde, nous avions pris, vers 5 heures, possession de la courtine qui fait face à la terre. On
retira alors la brigade Abbott de nos lignes qui
faisaient face à Wilmington, et on la mit dans le
fort Fisher, et en poussant en avant, à 10 heures

du soir, elle prit le reste de l'ouvrage avec peu de résistance, la garnison rétrogradant à l'extrémité de la péninsule, où on la poursuivit, et où l'on fit entre autres prisonniers le général Whiting et le colonel Lamb, tous deux blessés. Je pense que nous avons en tout 1000 prisonniers. Je pense que nos pertes n'excèdent pas 500 hommes; mais il est impossible d'en juger pendant la nuit. Parmi les blessés, on compte les trois commandants des trois brigades d'attaque : le général Curtis n'est pas gravement blessé; mais les colonels Pennybacker et Bell le sont dangereusement. La courtine du côté de la terre était formidable, le parapet ayant 14 ou 15 pieds de haut; mais les hommes marchèrent vaillamment sous un feu très-vif de mousqueterie. Les marines et les matelots ont aussi marché avec courage, mais le feu de mousqueterie sur la courtine de l'est fut si vif qu'ils ne purent réussir à entrer dans l'ouvrage. Le feu de la marine doit avoir été effrayant à en juger par les trous qu'il a faits dans l'ouvrage. La plupart des canons étaient avariés. Je ne puis pas dire combien il pouvait y en avoir de ce côté, peut-être trente ou quarante.

Signé : C.-B. COMSTOCK,
Lieutenant-colonel A. D. C. et ingénieur en chef.

Une autre dépêche a estimé le nombre des prisonniers à 2500 hommes et celui des canons à 72.

Le général Grant a télégraphié à son département qu'en honneur de ce grand triomphe, dû à la valeur réunie de l'armée et de la marine, il a ordonné qu'une salve de cent coups de canons serait tirée par chacune des armées en opération contre Richmond.

C.-A. DANA,

Ministre adjoint de la guerre.

DÉPÊCHE NAVALE.

Forteresse Monroe, 17 janvier.

A l'honorable Gédéon Welles, secrétaire de la marine.

L'*Atlantic* vient d'entrer, venant de Wilmington. Le fort Fisher et les ouvrages de la pointe fédérale sont en notre possession.

L'assaut a été donné par l'armée et les matelots, dimanche après-midi, et vers 11 heures du soir, les ouvrages étaient à nous.

Les pertes sont considérables.

Les lieutenants S.-W. Preston et B.-H. Porter, de la marine, ont été tués.

Nous avons pris 72 canons et fait environ 2500 prisonniers. Les généraux rebelles Whiting et Lamb ont été faits prisonniers et sont blessés.

Le *Vanderbilt* est en route vers le Nord avec des dépêches.

Deux canons de quinze pouces ont éclaté sur les monitors.

Signé : T.-T. MICHELS,
Commander.

RÉCIT DES CONFÉDÉRÉS.

Département de la guerre, mardi 17 janvier, 9 h. du soir.

Au major-général Dix, New-York.

Le *Whig* de Richmond de ce matin contient le récit suivant de la prise du fort Fisher par les forces navales et de terre des États-Unis.

CHUTE DU FORT FISHER.

La triste nouvelle de la chute du fort Fisher qui commandait l'entrée de la rivière Cap-Fear a été annoncée ce matin et a occasionné une sensation de profond regret. La prise de ce fort équivaut à la fermeture de la baie de Wilmington par la flotte de l'ennemi. Il est situé à environ 18 milles plus bas que la ville, mais c'était la principale défense de l'entrée de la rivière, et par suite, sa chute empêchera à l'avenir l'entrée et la sortie des coureurs de blocus. Il reste à voir combien ce revers fera de tort à notre cause ; dès à présent, nous le regardons plutôt comme un événement malheureux que comme un désastre. Voici le rapport officiel :

Quartier-général de la Virginie du Nord, lundi, 16 janvier.

A l'honorable J.-H. Seddon.

Le général Bragg informe que l'ennemi a bombardé avec fureur le fort Fisher pendant toute la journée d'hier.

A 4 heures du soir, son infanterie s'est avancée à l'assaut, tandis qu'à la même heure nos troupes faisaient une forte démonstration par ses derrières.

A 6 h. 30 du soir, le général Whiting informa que l'attaque avait manqué et que la garnison était renforcée par des troupes fraîches.

Vers 10 heures du soir, le fort était pris avec la plupart des hommes de la garnison.

On ne connaît pas d'autres détails en ce moment.

Signé : R.-E. LEE.

On n'a pas reçu de dépêches du général Terry depuis celle de la nuit de dimanche qui annonçait le résultat de l'assaut.

C.-A. DANA,
Secrétaire-adjoint de la guerre.

RAPPORT DU CONTRE-AMIRAL PORTER.

Bâtiment-amiral le *Malvern*, devant le fort Fisher,
Caroline du Nord, 14 janvier 1865.

Monsieur, — j'ai l'honneur de vous informer que l'on a repris les opérations contre les forts de l'entrée de la rivière Cap-Fear. Depuis la première attaque de cette place et la retraite des troupes qui l'a suivie, j'ai été occupé à ravitailler les navires de munitions et de charbon. Personne ne peut se faire une idée des difficultés que nous avons rencontrées ; il fallait faire tout notre travail avec les plus grands bâtiments, mouillés sur la côte, exposés, on pourrait dire en pleine mer, aux coups de vent les plus violents, qui ne nous donnaient aucune relâche. C'est sur ces coups de vent que l'ennemi comptait pour déjouer nos préparatifs comme nous le verrons. Nous avons traversé les plus mauvais moments. Nous avons tenu par des bourrasques capables de tout renverser en pleine mer, et nous n'avons éprouvé aucun dommage. Après l'arrivée des troupes, le temps est devenu mauvais. C'était un fort coup de vent. Aussitôt qu'il a été passé, j'ai fait mon chargement, le 12 courant, et rangeant les navires sur trois lignes, j'ai fait vapeur vers le fort Fisher en accompagnant les transports. Dans la matinée du 13, la flotte a pris sa station sur trois lignes, près du rivage, et on a expédié les embarcations pour débarquer les troupes toutes à la fois. Elles étaient toutes à terre avec douze jours de provisions, à environ 2 heures après midi. Cette fois, j'ai suivi un plan différent pour attaquer les ouvrages des rebelles. J'ai envoyé en avant le *Iron-sides*, commodore Badford, conduisant les monitors *Sangus*, *Canonicus*, *Monadnock* et *Mahopac*. A 7 h. 30 du matin, les forts ont ouvert un feu sur eux à mesure qu'ils approchaient, mais ils ont repris tranquillement leur ancienne position, à mille yards du fort Fisher, et quand ils ont été prêts, ils ont ouvert leur feu de la façon suivante.

Je provoquai l'ennemi à tirer sur les monitors,
afin de voir quels étaient ses canons, et de pouvoir
les démonter par notre feu, en voyant où ils étaient.
Un engagement tout à fait animé suivit entre les
forts, le *Ironsides* et les monitors; il fut bientôt
évident que les bâtiments en fer avaient l'avantage.
Les traverses commencèrent à disparaître et l'angle
sud du fort Fisher paraît très-dégradé. Les canons
se turent l'un après l'autre, et il ne restait plus
qu'un gros canon dans l'angle du sud pour nous
riposter. Son feu n'était pas du tout exact et il ne
fit aucun dommage aux bâtiments en fer. Cependant ils furent touchés plusieurs fois. Afin de faire
connaître à l'ennemi que nous avions encore quelques obus dans les bâtiments en bois et que nous
n'avions pas l'intention de nous prévaloir contre
lui de l'usage des navires en fer seulement, j'ordonnai à la ligne n° 1 du plan, conduite par le
capitaine Alden, du *Brooklyn*, et à la ligne n° 2,
conduite par le commodore Thatcher, du *Colorado*,
de s'avancer et d'attaquer les batteries. Cela se fit
de la plus jolie manière; il n'y eut pas une faute
commise, si ce n'est qu'on tirait trop vite et qu'on
faisait trop de fumée.

Le feu terrible des grands bâtiments fit taire

tout à coup les canons de l'ennemi, et après avoir
tiré jusqu'à la nuit, les navires de bois regagnèrent
leur mouillage. Le *Ironsides* et les monitors ont
gardé leur position pendant la nuit en tirant un
obus de temps à autre. Ils sont maintenant mouillés
à mille yards du fort et les monitors à sept cents
yards, et le fort ne tire pas un seul canon sur eux,
pensant sans aucun doute que ce serait gaspiller
sa poudre.

Le feu de la flotte reprendra aussitôt que nous
aurons déjeuné, et on le continuera aussi longtemps que le département de l'artillerie nous
approvisionnera d'obus et de canons. Il y eut parfaite entente entre le général Terry et moi. Je pense
avoir fait tout ce qui pouvait lui agréer. Je n'ai en-
tendu aucune plainte, et je ressens la meilleure
disposition pour aider l'armée.

Je vous enverrai un rapport détaillé de nos opérations quand elles seront finies. Je n'ai aucune
raison de douter de notre succès : les forts seront
enlevés.

Nous avons une force respectable débarquée sur
la langue de terre, complètement commandée par
nos canons, et un lieu de défense qui nous per-
mettra de résister contre la plus forte armée.

Je vous ferai part de toutes les circonstances importantes.

J'ai l'honneur d'être, avec un profond respect, votre obéissant serviteur.

DAVID D. PORTER,
Contre-amiral.

A l'honorable Gédéon Welles,

Secrétaire de la marine, Washington, D. C.

RAPPORT OFFICIEL DU CONTRE-AMIRAL PORTER.

Bâtiment-amiral *Malvern*, devant le fort Fisher,
15 janvier 1865.

Monsieur, — j'ai l'honneur de vous informer que nous sommes maîtres du fort Fisher, et que les ouvrages qui l'environnent ne tarderont pas à tomber en notre possession.

Ainsi que je vous en ai informé dans ma dernière dépêche, nous avions commencé les opérations avec les bâtiments en fer qui bombardaient le fort pendant que les troupes débarquaient. Le 14, j'ai donné l'ordre à tous les bâtiments portant des canons de onze pouces de tirer à obus en suivant le *Ironsides* et le *Brooklyn*. Au coucher du soleil, il

ne restait plus que la carcasse du fort. Ses canons
avaient été avariés ou couverts de terre, de manière
qu'ils ne pouvaient plus fonctionner ; tous se tai-
saient.

Le 15, je pris les dispositions pour l'assaut, de
concert avec le général Terry, et je commandai à
cet effet quatorze cents marins et soldats de marine. Au point du jour, les bâtiments en fer, le
Brooklyn et les bateaux armés de canons de onze
pouces, commencèrent à battre l'ouvrage, pendant
que les troupes s'établissaient à cent cinquante
yards du fort. A 10 heures, tous les bâtiments faisaient vapeur pour entrer en ligne, et prenaient
leurs postes en ouvrant un feu très-vif qui se pro-
longea jusqu'à 3 heures après midi. Quand on
donna le signal de l'assaut, les soldats se dirigèrent
sur le côté de la terre, les marins sur le côté de la
mer, et les navires changèrent la direction de leur
feu sans l'interrompre pour battre d'autres ouvrages.

Les rebelles nous reçurent avec un courage digne
d'une meilleure cause et se battirent en désespérés.
Trente matelots et officiers environ purent arriver
au haut du parapet, au milieu d'un feu meurtrier
de mitraille et de mousqueterie. Ils y avaient

planté leurs pavillons, mais ils furent balayés en un moment. Les *marines* auraient pu débarrasser le parapet en le couvrant de leur feu, mais ils manquèrent à le faire, et les matelots furent repoussés. Plus d'un brave aurait voulu rivaliser avec ses frères d'armes qui combattaient pour entrer par l'angle du nord-est, comme on le voit sur le plan.

L'ennemi se porta sur l'attaque et opposa la plus vigoureuse résistance au principal corps de troupe; mais j'ai vu comment les choses se sont passées, et je pense que les soldats de marine auraient pu faire réussir l'assaut.

Dans le même moment, nos braves soldats étaient parvenus à s'établir dans l'angle nord-est du fort, se battant comme des lions et disputant chaque pouce de terrain. Le *Ironsides* et les monitors continuaient à lancer leurs obus sur les traverses où les rebelles tenaient encore. Nos troupes combattirent ainsi de traverse en traverse, depuis trois heures de l'après-midi jusqu'à dix heures du soir, quand la bonne nouvelle fut signalée à la flotte. Nous cessâmes notre feu, et nous poussâmes trois vivats, les plus enthousiastes que j'aie jamais entendus.

C'a été la plus terrible affaire que j'aie jamais

vue, et ce fut une tâche des plus dures. Les troupes
se sont couvertes de gloire, et le général Terry est
mon *beau idéal* comme soldat et comme général.
Nous avons coopéré ensemble dans un parfait
accord, et je pense que le général conviendra, cette
fois, que la marine a fait des avaries essentielles au
fort en tant qu'ouvrage défensif.

Le général Terry avait très-peu de troupes de
plus qu'à la première attaque, quand l'ennemi
n'avait que cent cinquante hommes dans l'ouvrage.
Cette fois, tout l'ouvrage était garni de monde et
renfermait environ huit cents hommes au moment
de l'assaut.

Ç'a été pour moi une grande peine que de voir
échouer ainsi mes braves officiers et mes hommes
valeureux ; mais je ne voulais pas que les troupes
entreprissent de prendre les ouvrages sans que la
marine prît part à leur danger, et nous aurions eu
l'honneur de rencontrer nos frères d'armes dans
l'enceinte des ouvrages, si nos matelots avaient été
soutenus convenablement.

Nous avons eu environ deux cents hommes tués
ou blessés, parmi lesquels plusieurs braves officiers. Je regrette d'avoir à vous annoncer la mort
du lieutenant T.-W. Preston et du lieutenant B.-H.

Porter. Ils avaient été fait prisonniers ensemble à l'attaque du fort Sumter, et sont morts ensemble en tâchant d'abattre le pavillon qui a flotté si longtemps à notre face.

Le lieutenant R.-H. Lamson a été gravement blessé. Il était le compagnon du lieutenant Preston dans la périlleuse aventure de la poudrière. Le lieutenant George, M. Reache et quantité d'autres ont été blessés.

Il n'y a que quelques heures que l'assaut a été donné, et je ne puis vous indiquer nos pertes. Elles ont été considérables pendant l'assaut ; mais nous n'avons perdu personne par le canon de l'ennemi.

Sachant l'impatience qu'a le département de recevoir des nouvelles du fort Fisher, je vous ai écrit ces lignes à la hâte. Personne ne concevra ce que l'armée et la marine ont supporté pour obtenir cette victoire que nous eussions gagnée, le jour de Noël, sans perdre douze hommes.

Cette journée a été terrible; aucun événement de guerre ne peut la dépasser.

Nous sommes tous harassés, et vous excuserez la brièveté de mon récit. Je vous écrirai plus amplement par le *Santiago-de-Cuba*, qui remonte au Nord demain pour emporter les blessés.

Outre les hommes du fort Fisher, il y en avait encore environ cinq cents dans les forts du haut, et un renfort d'environ 1,500 hommes avait été apporté dans la matinée par les vapeurs. Ainsi donc je pense que nous n'avons pris que la garnison du fort Fisher.

Je ne pense pas que jamais fort ait essuyé un pareil bombardement, et que des approches aient été plus endommagées. Il n'y a pas un recoin du sol autour du fort qui n'ait été déchiré par nos obus.

Je ne connais pas non plus le nombre d'hommes qui ont été tués ou blessés par notre feu ; mais un obus de 15 pouces a percé une casemate, tué seize hommes et en a gravement blessé vingt-cinq.

Je présume que nous sommes maîtres de tous les forts que commande le fort Fisher. Il est si tard, à présent, que je ne saurai rien d'ici demain matin.

Je suis avec respect, monsieur, votre obéissant serviteur,

DAVID D. PORTER,
Contre-amiral.

A l'honorable Gédéon Welles, ministre de la marine, Washington D. C.

LES MONITORS,

PENDANT L'EXPÉDITION CONTRE LE FORT FISHER.

N. B. Extrait du rapport spécial du contre-amiral David D. Porter, au ministre de la marine, à Washington, le 15 janvier 1865, à bord du vaisseau amiral *Malvern*, devant le fort Fisher.

La dernière expérience que j'ai faite de cette classe de bâtiments en mer, par un mouillage de gros temps et sous le feu de l'ennemi, me détermine à faire un rapport spécial sur la manière dont ils se sont comportés. Je sens combien il importe au gouvernement d'avoir des renseignements précis sur un genre de navires qui partage l'opinion publique, et dont nous construisons un grand nombre.

Les monitors *Monadnock*, *Sangus*, *Mahopac* et *Canonicus*, tous construits sur des plans différents et par divers constructeurs, ont été le sujet de mes expériences.

Avant de quitter Hampton-Roads, et pendant que j'attendais les troupes de terre destinées à prendre part à l'expédition, je fis remonter la rivière James aux monitors *Canonicus*, *Mahopac* et

Sangus, pour essayer ce dont ils seraient capables en face des batteries rebelles de Howlet et des autres batteries en amont. Il y avait, à Howlet, un gros canon monté, un deux cents forcé de Brooke, qui tira un grand nombre de coups sur les monitors, mais sans les atteindre. Cependant un de ses boulets ou obus frappa en plein dans la tourelle du *Sangus* et fit sauter quarante rivets.

Cela provenait de ce que ces rivets avaient été chassés du dedans au dehors, au lieu de l'être du dehors au dedans. Ce n'était pas une avarie majeure pour la tourelle; il a fallu environ deux semaines pour la réparer, et j'ai pu employer le *Sangus* dans l'attaque du fort Fisher où il a rendu un bon service.

Le *Canonicus*, le *Mahopac* et le *Monadnok* ont quitté Hampton-Road le 18 décembre dernier, les deux derniers remorqués par des vapeurs; le *Monadnok* faisait vapeur en même temps que son remorqueur. Le temps était tout à fait mauvais, et parfois la mer passait par-dessus les tourelles et retombait dans les foyers. Mais je passai près d'eux une fois qu'ils furent en mer, par un temps qu'ils trouvaient beau. Ayant demandé à leurs commandants comment ils se comportaient; ils répondi-

rent : « Tout à fait bien, monsieur, mais un peu
humides. »

En arrivant à Beaufort, C. N., je les bondai de
charbon et de munitions. Je trouvai un défaut
dans la pompe du *Canonicus* (c'est une pompe
qu'on appelle pompe centrifuge), qui ne prenait
l'eau qu'autant qu'il y en avait un pied ou davan-
tage dans la cale ; c'est un vice sérieux et que l'on
doit reprocher aux constructeurs. Les ponts du
Mahopac faisaient beaucoup d'eau, en sorte que
les officiers et l'équipage étaient très-mal à bord.

Les monitors appareillèrent de Beaufort le 18
du mois dernier, le *Canonicus* et le *Mahopac* remorqués ; le *Monadnock* ne voulut pas l'être ; car
il n'en avait pas besoin, puisqu'il gagnait facilement de vitesse les plus grands bâtiments ; les
meilleurs marcheurs seuls pouvaient le dépasser.

Le 24, le vent se mit au S.-O. grand frais, et la
mer devint très-dure. Tous les bâtiments furent
mouillés par treize brasses de fond, avec une longue touée dehors. La plupart des grands bâtiments chassèrent pendant le coup de vent. Le
Tuscarora et la *Juniata* prirent la mer (je pense que
la chose n'était pas nécessaire), pendant que les
monitors se tenaient fort bien au mouillage. J'étais

inouillé tout près d'eux et je pus voir comment ils
se comportaient. J'avais cru d'abord que j'avais été
très-imprudent et que j'avais risqué sans nécessité
la vie des officiers et des hommes, mais je fus me
coucher la première nuit du coup de vent tout à
fait rassuré à l'égard des monitors.

Je vis que pour eux le temps était meilleur et
qu'ils étalaient mieux le mauvais temps que les
autres bâtiments de la flotte. Tous les transports
filèrent leur chaîne et appareillèrent, quoique j'ai
pensé qu'ils auraient pu s'en dispenser. Après le
coup de vent, je m'informai près des commandants
des monitors comment ils avaient soutenu l'é-
preuve, et ils inclinaient à penser que leurs navires
s'en étaient très-bien tirés. Par moments, les petits
monitors *Mahopac* et *Canonicus* disparaissaient
presque à la vue, et le capitaine du premier bâtiment se plaignit du manque de confort, parce que
son pont faisait eau, mais les navires ne coururent
aucun danger. Quant au *Monadnock*, il pourrait
étaler un coup de vent à l'ancre au milieu de
l'océan Atlantique. C'est certainement un succès
complet pour la coque et la machine, il ne pèche
que par quelques détails de second ordre qui exi-
geraient la surveillance d'un marin consommé

dans la pratique de l'art, lors de la construction.

Quand ses compas seront établis convenablement, le *Monadnock* serait en état de traverser l'Océan, et il pourrait détruire n'importe quel navires de marines française et anglaise, mettre leurs villes à contribution et revenir sans crainte d'être poursuivi, pourvu qu'il puisse avoir du charbon. Il pourrait certainement débarrasser nos ports de la présence de quelque navire de blocus que ce soit, si nous étions en guerre avec une puissance étrangère. Toutes fortes et toutes épaisses que soient ses murailles, un gros boulet du fort Fisher se logea dans le fer de sa cuirasse, sans toutefois lui faire d'avarie sérieuse. Tous ces bâtiments ont résisté cinq jours au feu du fort Fisher, mouillés à moins de 800 yards, et quoiqu'on ait dirigé la plupart des feux sur eux, ils furent rarement atteints et ne souffrirent aucune avarie, excepté dans leurs canots et les parties légères des ponts qui furent très-bien mises en pièces. Comparés avec le *Ironsides*, leur feu est très-lent et ne pourrait nullement faire taire des batteries puissantes, ce qui exige un feu vif et soutenu, afin d'éloigner les hommes des canons. Mais les monitors sont des auxiliaires excellents dans un combat et ils portent les grands coups qui tombent sur les casemates à l'épreuve de la bombe.

Les petits *monitors*, tels qu'on les construit à présent, exigeront toujours l'aide d'un steamer pour les remorquer et en prendre soin. De beau temps, ils devraient marcher par eux-mêmes, et quand on les remorque, la remorque ne devrait jamais avoir moins de deux cents brasses de long, autrement ils fatiguent beaucoup.

Je ne sais pas quelle pourrait être leur durée si l'on faisait un feu soutenu contre leurs tourelles.

Les pièces à boulet forcé massif de 11 pouces ou 200 livres peuvent les briser quand ils frappent, et quant à moi j'aimerais mieux me trouver derrière des murailles de bois, attendre ce qui peut survenir que d'être enfermé dans une tourelle de fer, sans savoir si elle est construite comme il faut. Toutefois mon opinion est un préjugé de voilier et peut ne pas avoir grand poids.

Les capitaines des monitors se trouvent tout à fait chez eux et en sûreté dans leurs navires, et ne redoutent pas plus de danger en mer que s'ils étaient sur d'autres bâtiments. Le commandant Parrott, du *Monadnock*, m'a fait la remarque qu'il ne trouvait pas de différence entre son navire et tout autre. Le *Sangus* rejoignit devant le fort

Fisher après le combat du premier jour, après
avoir été remorqué depuis Norfolk par le *Nereus*,
dans une très-grosse mer. Le bâtiment faisait beaucoup d'eau par ses écubiers, ce qui était très-
incommode ; mais on a fait l'éloge de ses qualités
nautiques. Il n'a donc qu'une difficulté toute mé-
canique à surmonter et qui ne lui enlève pas ses
autres qualités. Il n'y a pas grand confort en mer
à bord de cette espèce de navires, mais tout le
monde convient qu'ils y vont rarement, et ils ne
sont exposés que pendant le trajet. C'est, je pense,
la première fois que les monitors ont été au large
par un coup de vent, mouillant en pleine mer,
quoiqu'ils aient essuyé des coups de vent dans la
rade de Charleston.

Je veux seulement faire remarquer que le principe est bon, si tous étaient construits comme le
Monadnock. Le feu de ces bâtiments, combiné avec
celui du *New-Ironsides* et des fortes frégates, est
très-efficace, surtout contre les gros navires blindés
et les murs casematés en pierre ou en brique. Je
n'ai jamais vu de bâtiments meilleurs, à mon idée,
pour des opérations offensives, que le *Ironsides*. Il
réunit plusieurs qualités excellentes. La plus importante est le confort qui existe à bord pour tout

le monde, quoiqu'il ne serait pas de taille contre le
Monadnock dans un combat, parce que ce dernier
a une plus grande vitesse.

A en juger par ce que j'ai vu, la précision du tir
est en faveur du *Ironsides*. Les tourelles se rem-
plissaient de fumée et elle ne se dégageait pas
aussi vite qu'à bord du *Ironsides*. Mais ce défaut
pourrait être évité en ne tirant pas les deux canons
si près l'un de l'autre. Telles sont les impressions
qui me sont restées après une rapide expérience
des monitors, et je pense qu'on les partagera pourvu
qu'on ait affaire à des monitors bien construits.

Nous extrayons des divers rapports officiels du
général Terry et de l'amiral Porter les détails sui-
vants relatifs à l'attaque et à la prise du fort Fisher.

Une brigade sous les ordres du général Terry
renforça les troupes employées à la première expé-
tion, et en porta le chiffre à 9,200 hommes en
tout; savoir : Deuxième division du 24ᵉ corps,
général Ames; deuxième brigade de Hawley, ac-
tuellement commandée par Abbott; première division de Terry; la division des troupes de couleur
du 25ᵉ corps, général Paine; les batteries de Myrick

et de Lee. La colonne des transports destinés à embarquer les troupes pour aller rejoindre sous Beaufort la flotte de l'amiral Porter, se composait de 11 bâtiments :

A.-D. Vance	lieuten.-command. Upshur.
Governor-Buckingam, de 6 canons..	lieut. fonct vol. Mac Dearmid.
Gettysburg, de 5 canons..........	leutenant Lamson.
Tristam-Shandy..............	lieut. fonct. volont. Green.
Lillian	id. Harris.
Fort-Donelson, de 5 canons......	master-fonctionnaire Frort.
Nansemond, de 4 canons........	id. Porter.
Wilderness.......	id. Avery.
Little-Ada	id. Craft.
Republic...................	enseigne-fonctionn. Bennett.
Aries, de 7 canons............	lieut. volont. fonct. Wells.

Les troupes embarquées appareillèrent de la forteresse Monroë pendant la nuit du 5 et la matinée du 6 janvier. Au coucher du soleil commença un coup de vent très-violent qui dura jusqu'au 7 à midi, mais sans faire d'avarie. Le 8, toute la flotte rejoignit à Beaufort, C. N., les navires blindés. Pendant la journée du 8, le 9 et le 10, la flotte fut retenue à Beaufort par les vents contraires et pour d'autres motifs ; elle essuya un autre coup de vent dans la journée du 11. Dans la matinée du jeudi, 12, toute la flotte partit par un beau temps et une belle mer et mouilla au-dessus

du fort Fisher à 11 heures du soir. Laissons la
parole au contre-amiral Porter :

J'avais espéré que nous pourrions débarquer les
troupes la nuit même vers 9 ou 10 heures du soir,
mais nous fûmes obligés de mouiller pour la nuit
devant la batterie de Half-Moon, la flotte rangée
sur trois colonnes.

COLONNE DE TERRE OU N° 1.

Brooklyn, de 26 canons, chef de file, capitaine Alden.
Mohican, de 7 » .... commander Daniel Ammen.
Tacony, de 10 » .... lieut. command. W.-T. Truxton.
Kansas, de 8 » .... *id.* G.-P. Watmouth.
Yantic, de 7 » .... *id.* T.-C. Harris.
Unadilla, de 7 » .... *id.* Ramsay.
Huron, de 4 » .... *id.* Selfridge.
Maumee, de 5 » .... *id.* Chandler.
Pequot, ... *id.* Braine.
Pawtuxet, de 10 » .... *id.* Spotts.
Seneca, de 4 » .... *id.* Sicard.
Pontoosuc, de 10 » .... *id.* Temple.
Nereus, de 11 » .... *id.* Howel.

COLONNE DU MILIEU OU N° 2.

Minnesota, frégate de 52 canons, chef de file, comm. Lacman.
Colorado, » de 52 » .. commodore Thatcher.
Wabash, » de 48 » ... capitaine Smith.
Susquehanna, corvette de 10 » .. commodore Gordon.
Powhatan, » de 21 » .. *id.* Schenk.
Juniata, » de 9 » ... lieut.-commander Phelps.

Shenandoah,	»	de 10	» .. capitaine Ridgely.
Ticonderoga,	»	de 20	» .. *id.* Steedman.
Vanderbilt,	»	de 15	» .. *id.* Pickering.
Mackinaw,	»	de 10	» .. commander Beaumont.
Tuscarora,			.. *id.* Frailey.

COLONNE D'EN DEHORS OU LIGNE N° 3.

Santiago-de-Cuba,	de 11 canons...	capitaine Glisson.
Fort-Jackson,	de 7	» ... *id.* Sands.
Sassacus,	de 10	» ... lieutenant-commander Davis.
Osceola,	de 10	» ... commander Clitz.
Chippewa,	de 4	» ... lieuten.-commander Porter.
Cuyler,	de 10	» ... commander Caldwell.
Maratanna,	de 6	» ... lieuten.-commander Young.
Monticello,	de 7	» ... lieutenant Cushing.
Alabama,	de 10	»
Rhode-Island,	de 12	» ... commander Trinchard.
Iosco,	de 10	» ... commander Guest.

DIVISION DE RÉSERVE.

A.-D. Vance, Britannia, Tristram-Shandy, Lilian, Fort-Donelson, Wilderness, Aries, Governor-Buckingam.

AVISOS.

Nansemond, Lettle-Ada, Eulus, Republic.

Déjà nommés.

La flotte ressentit le plus vif enthousiasme quand elle fut sûre que les troupes étaient venues renouveler l'attaque du fort Fisher : car le dernier échec avait causé un grand désappointement.

Quelques-uns des bâtiments qui accompagnaient l'expédition avaient fait des avaries considérables.

Le *Passager* avait eu ses deux gouvernails dé-
montés; mais, grâce à l'énergie de son commandant, le lieutenant-commander Davis, il était paré.
Le *Mackinaw*, commander Beaumont, avait eu une
de ses chaudières crevée, mais il marchait avec une
seule; l'*Osceola*, commander Clitz, avait reçu un
boulet qui avait déchiré le fond de sa chaudière,
mais il était aussi prêt et personne ne s'en plaignit. Avec de pareilles dispositions chez les officiers, je dus augurer le meilleur résultat.

Le 13, au point du jour, la ligne n° 1 prit position à 600 yards du rivage pour débarquer les
troupes, les lignes n° 2 et n° 3 mouillèrent à toucher la première et plus au large; les provisions
étaient chargées sur la division de réserve.

A 8 heures et demie on fit à la flotte le signal
d'envoyer les embarcations pour débarquer les
troupes. A 2 heures après midi on avait débarqué
8,000 hommes avec douze jours de provisions et
les outils de tranchée.

Cependant le *New-Ironsides*, commodore Rad-
ford, à la tête de la colonne des monitors, le *Sangus*,
commander Calhoun, le *Canonicus*, lieutenant-
commander Belknap, le *Mahopac*, lieutenant-commander Weaver, et le *Monadnock*, commander

Parrott, reçurent l'ordre de s'approcher du principal ouvrage du fort Fisher et de faire tout leur
possible pour démonter les canons ; le *New-Ironsides* était mouillé en dehors des monitors à environ 1,000 yards. Tous étaient en position dès
8 heures du matin et ils ouvrirent un feu déter-
miné sur les batteries du fort.

Les troupes ayant débarqué sans opposition, je
fis le signal à la ligne n° 2 de se mettre en route
pour commencer l'attaque. La ligne n° 1 reçut
aussi le signal de reprendre son poste en face des
batteries. La ligne n° 3 devait rester en place pour
couvrir le débarquement et mettre à terre l'artillerie de campagne.

Les différentes lignes, après s'être rangées en
ligne de bataille, firent vapeur vers le port Fisher.
Le *Colorado* était chef de file à la place du *Minnesota*, qui avait eu une aussière engagée dans son
hélice. Les bâtiments prirent avec élégance leurs
positions qu'ils connaissaient déjà et tous ouvraient
leur feu à mesure qu'ils arrivaient. Le feu rapide
des monitors et du *Ironsides* maintint les rebelles
écartés de leurs canons, et ils n'occasionnèrent
aucun dommage à la flotte, leur feu n'ayant pas de
consistance, et en effet, je ne vois pas comment ils

auraient pu tirer sur les lignes n° 1 et n° 2, embos-
sées comme elles l'étaient. Le bombardement fut
très-rapide et sévère. On le continua sans relâche
de 4 heures de l'après-midi à la nuit, quand
les bâtiments en bois reçurent l'ordre de se haler
au large et de mouiller. Les monitors et le *New-
Ironsides* durent continuer leur feu pendant la
nuit. L'ennemi ne répondait plus depuis longtemps et se tenait dans les casemates.

La marine continua son bombardement le lendemain, 14, sans autre incident que le grand mât
du *Huron* de la première ligne qui fut coupé par
un boulet, et l'*Unadilla*, également de la première
ligne, qui fut touché deux ou trois fois. Deux canons des batteries hautes du fort Fisher étaient les
seuls à riposter au feu de la marine. Dans la soirée
du 14, le général Terry fut à bord du vaisseau-
amiral et arrête avec l'amiral Porter les dispositions de la journée du 15, où l'on devait donner
l'assaut. Il fut convenu que, depuis le point du
jour jusqu'à 3 heures de l'après-midi la marine
couvrirait de ses feux tous les ouvrages du fort, et
qu'à 3 heures de l'après-midi on enverrait 1,600
matelots et 400 soldats de marine pour donner
l'assaut du côté de la mer, pendant que l'armée

agirait de son côté du côté de la terre. La plupart
des matelots étaient armés de poignards et de re-
volvers ; quelques-uns avaient des fusils Sharps ou
de petites carabines.

Voici le rapport du capitaine de flotte Breese,
qui commandait l'assaut des marins contre le fort
Fisher.

Vaisseau-amiral *Malvern* devant le fort Fisher,
Caroline du Nord, 16 janvier.

*Au contre-amiral Porter, commandant l'escadre du nord
de l'Atlantique.*

Monsieur, — je dois vous rendre compte que
conformément à vos ordres j'ai représenté votre
pavillon en commandant l'assaut du fort Fisher ;
permettez-moi de vous en exposer les détails.

Le lieutenant Preston avait été chargé d'une
force d'environ 10 hommes par navire, avec des
pelles et des pioches. Il fit avec eux un ouvrage
bien défendu, à 600 yards du fort, et avança jusqu'à
200 yards du fort en faisant des affûts qui furent
vivement occupés par une ligne de tirailleurs composée de soldats de marine commandés par le

lieutenant Fagen, des *marines*. La manière dont il accomplit sa besogne lui fait honneur. Aussitôt qu'il eut fait sa tranchée d'approche, il vint m'en rendre compte, en me demandant d'être employé d'une manière ou d'une autre. Les services du lieutenant Preston m'ont été très-utiles, et à son dernier moment, il n'était occupé que de me faire dire qu'il avait exécuté mes ordres.

Notre détachement, pour l'assaut, se composait d'environ seize cents marins et quatre cents *marines*, répartis en quatre lignes : la première, composée de marines, était commandée par le capitaine Danson ; la seconde, formée des compagnies de débarquement des 1re et 4e divisions de l'escadre, était sous les ordres du lieutenant-commander Cushman ; la troisième, composée du débarquement de la 2e division de l'escadre, était commandée par le lieutenant-commander Jame Parker, qui voulut bien me sacrifier son titre d'officier plus ancien pour me permettre de vous représenter à terre ; la quatrième ligne, composée du débarquement de la 3e division de l'escadre, était commandée par le lieutenant-commander Selfride. La seconde, la troisième et la quatrième ligne étaient à peu près de force égale.

On avait le projet de donner l'assaut en ligne,
les marines devaient agir comme tirailleurs, et les
différentes lignes devaient charger après eux. Mais
la difficulté que j'éprouvai à savoir quand l'armée
donnerait son assaut, ce qui devait nous guider
dans nos mouvements, fit que nous étions trop loin
dans le moment pour pouvoir attaquer sans être
protégés. Quand je découvris que l'armée se mettait
en marche pour attaquer le fort, je donnai l'ordre à
nos hommes de s'avancer en flanc le long du rivage,
espérant que je pourrais les ranger pour l'assaut
sous la protection des marines. Mais une portion
de marines de la première ligne, qui était éloignée
de 400 yards, exposée à un feu violent de mousqueterie, fut repoussée et les autres ne purent prendre la position qui leur était destinée ; la seconde
et la troisième s'avancèrent, et chaque tête de ligne
se joignit de manière à former une colonne com-
pacte qui remplissait la face du fort Fisher du côté
de la mer, et était prête à donner l'assaut en s'é-
lançant de 50 yards du parapet, qui était couronné
d'une masse épaisse de fusiliers, qui faisaient le
plus grand dégât parmi nos hommes. Quoique
exposés au feu le plus violent de la part de l'ennemi, les hommes se rallièrent trois fois à la voix

de leurs chefs, mais ils ne purent gagner beaucoup
de terrain. Très peu d'officiers et d'hommes sont
parvenus au parapet. Je ne sais pas leurs noms,
mais on les trouvera sans doute dans le rapport des
officiers qui ont débarqué.

Les marines ayant manqué d'occuper leur poste,
l'ennemi a pu faire feu sur nous sans être inquiété.

Les hommes armés des fusils rayés de Sharps et
les quelques marines qui étaient en tête ont ouvert le feu, mais il était trop faible pour avoir de
l'effet. Trouvant que notre arrière-garde battait en
retraite, je m'y dirigeai pour la mettre à l'abri et
les faire se servir de leurs fusils rayés, mais ils
étaient déjà trop éloignés pour que j'aie pu les
atteindre et je retournai par conséquent à la position près des ouvrages. Pendant que j'étais ainsi
occupé, le reste des hommes prit la fuite malgré
mes efforts pour les retenir. Il n'en resta que
soixante, parmi lesquels les lieutenants-commanders James Packer, Cushman, Selfridge, Sicard,
et les lieutenants Farrhag et Lamson. Ce dernier
fut blessé, ainsi que plusieurs officiers volontaires
dont malheureusement je ne sais pas les noms.

Le feu de l'ennemi était si violent que le peu de
nos hommes qui étaient restés durent chercher un

abri comme ils purent, et ils y restèrent jusqu'à la nuit, quand les rebelles firent une démonstration qui les décida à se lancer tous à la fois à sa rencontre ; la plupart ont réussi à s'échapper.

Le pays a à regretter la perte du lieutenant Preston qui a été tué à l'avant-garde en portant mes ordres, en qualité d'aide de camp ; du lieutenant Porter qui a été tué au commencement de l'assaut à la tête de sa colonne ; et de plusieurs officiers volontaires, marins et marines, qui ont été tués pendant l'attaque.

Je dois mentionner spécialement l'aide chirurgien Longshaw, à cause de son grand courage pour soigner les blessés sous le feu le plus vif de l'ennemi ; il est mort victime de son zèle pendant qu'il bandait la blessure d'un marin.

Je ne puis attribuer notre assaut manqué qu'à l'absence des marines qui ne se sont pas rendus à leur poste ; car leur feu aurait mis nos abordeurs en état de se servir d'une manière efficace de leurs poignards et de leurs pistolets. J'incriminerai aussi la lacune d'une organisation convenable, car quand on débarque tant de petites escouades d'hommes des différents bâtiments à la fois, il est presque impossible en aussi peu de temps d'organiser des compagnies qui se forment en ordre ; car ils ne se connaissent ni l'un ni l'autre et leur organisation est très-défectueuse.

Tel est le motif de la confusion dont nous avons donné le spectacle, car elle ne provenait pas d'un manque de valeur personnelle chez les officiers et les hommes.

Quoique les officiers et les hommes aient été exposés à un feu violent de l'ennemi, ayant pour eux un caractère tout nouveau et sur un autre élé - ment et qui aurait été une épreuve sérieuse pour de vieux soldats, cependant ils se sont avancés noblement, et les survivants doivent être satisfaits d'avoir contribué au succès de l'armée dans un degré digne de remarque. L'ennemi croyant, ainsi que j'en ai été informé, que l'assaut principal était de notre côté, fut fort surpris de voir sur les der- rières que, pendant qu'il nous repoussait, l'armée avait pénétré si avant dans les ouvrages.

Les officiers de santé débarqués avec le détache- ment avaient établi leur hôpital de campagne dans un ouvrage situé à un mille du fort, où l'aide chi- rurgien Kidder a pris charge des blessés qu'on lui envoyait et leur a donné tous les soins que per- mettait la circonstance.

D'après mon estimation, il peut y avoir eu 65 hommes tués et 200 blessés.

Le lieutenant-commander Cushing, qui était à l'extrême avant-garde, trouvant qu'il n'y avait rien à faire, se retira avec les hommes qui battaient en retraite, réussit à les rallier, et, sur la demande du général Terry, il occupa les lignes du voisinage du quartier-général, ce qui lui permit d'en retirer des hommes pour se renforcer dans le fort.

Ayant été témoin de l'assaut de l'armée après que le nôtre eut été repoussé, je ne puis qu'exprimer mon admiration pour son extrême bravoure.

Là où l'ennemi faisait un trait de courage, il y en avait dix ou douze de notre côté, et c'était un spectacle imposant que de voir avec quelle valeur splendide nos soldats accomplissaient leur tâche.

Pour conclure, je dirai que si j'ai pu oublier les noms de plusieurs officiers qui se sont distingués par leur courage, je ne dois pas manquer de faire connaître ceux que j'ai vus moi-même, et j'espère que les officiers qui ont commandé les lignes d'assaut rendront justice à tous.

Je puis dire que j'ai été témoin des efforts du lieutenant-commander James Parker pour faire avancer les hommes en exposant sa propre personne, et quoiqu'il soit mon ancien, ce ne sera pas un obstacle qui puisse altérer en rien les efforts qu'il a faits pour prendre le fort.

Je dois beaucoup à votre secrétaire Porter qui me servait d'adjudant. Quoique je l'aie envoyé fréquemment porter des ordres sur l'arrière, il était aussitôt revenu et il s'est trouvé des premiers à l'assaut.

Quoique l'assaut ait manqué en partie, je crois que l'on doit à ceux qui ont été à l'avant et à la mémoire de ceux qui ont été tués de réclamer pour eux; car c'est à la vigueur de leurs démontrations et à la résistance qu'ils ont provoquée de la part de l'ennemi que l'on doit d'avoir affaibli la résistance qu'il a pu opposer à l'armée.

J'ai été informé par des officiers, qui ont conversé avec les prisonniers, que l'ennemi croyait que c'était de notre côté qu'était l'assaut principal, et qu'il a concentré contre nous sa principale force. Je ne voudrais pas, en disant cela, qu'on pût me soupçonner de vouloir rabaisser la valeur splendide déployée par notre armée qui est digne de toutes les recommandations.

BREESE,
Capitaine de flotte.

RAPPORT DU GÉNÉRAL AMES.

OPÉRATIONS DE LA SECONDE DIVISION, 24° CORPS
D'ARMÉE CONTRE LE FORT FISHER.

Quartier général de la seconde division, 24° corps,
Fort Fisher, Caroline du Nord, 16 janvier 1865.

Au capitaine Terry, aide-adjudant général.

J'ai l'honneur de vous soumettre le rapport suivant des derniers mouvements et opérations de cette division :

Dans la nuit du 2 janvier, la division qui venait de rentrer au camp, après avoir fait une démonstration contre ce point, reçut l'ordre de se préparer à une seconde expédition. Elle partit du camp le 3, et embarqua le 4, de 7 à 9 heures du soir, sur les transports de l'Océan à Bermuda-Hundred.

La flotte des transports appareilla de la forteresse de Monroë dans la matinée du 6, et les troupes débarquèrent le 13, à environ 4 milles au nord du fort Fisher.

Le 15, à 3 heures du soir, nous avons donné

l'assaut. La brigade du brigadier général breveté
Curtis (1er brigade) s'est logée à l'angle nord-ouest
du fort. J'ai commandé aussitôt à celle du colonel
Pennypacker de s'avancer (2e brigade). L'ennemi
fut au même moment repoussé de derrière la palissade qui s'étendait jusqu'à la rivière, et nous
occupâmes le tiers environ de l'ouvrage fermé de
l'angle nord-ouest du fort. Je fis avancer la brigade du colonel Bell (3e brigade), et je la dirigeai
sur la courtine du bord de la mer ; le terrain était
tout obstrué des ruines de barraques et d'affûts, et
de décombres, et l'ennemi, protégé par ses traverses et ses magasins, profitait de leur abri pour
nous résister.

Un combat acharné s'engagea jusqu'après la nuit,
pendant lequel nous nous avançâmes beaucoup sur
la gauche, et nous fîmes environ 400 prisonniers.

Vers 8 heures, le colonel Abbot, avec sa brigade, compléta l'occupation de la face de l'ouvrage
qui s'étendait de l'Océan à la rivière. Tout le monde
avança à la fois et le fort fut occupé sans opposition.

Les officiers et les hommes de cette division ont
montré beaucoup de courage. Aidé par le feu de la
marine et par une colonne de matelots et de ma-

rines qui ont attaqué sur le rivage de la mer, nous avons pu avancer à découvert sur la façade du fort et traverser la palissade et le fossé dans l'ouverture pratiquée par le feu de la marine, et finalement emporter l'ouvrage.

Il faudrait citer le nom de tous les officiers et des hommes qui ont été engagés dans ce combat à outrance. Je vais pour le moment vous citer ceux qui se sont fait le plus remarquer. J'espère qu'ils seront récompensés selon leur mérite.

Le brigadier général breveté Curtis, commandant la 1re brigade, s'est fait remarquer par son courage, son sang-froid et son jugement. On ne peut trop apprécier ses services. Il est tombé, quelque temps avant la nuit, gravement blessé à la tête par un biscaïen.

Le colonel Pennypacker, commandant la 2e brigade, a été gravement blessé, quand il était dans le fossé. Personne n'a surpassé cet officier, et son absence pendant le jour a été bien sentie. On l'a regretté sérieusement.

Le colonel commandant la 3e brigade a été blessé à mort en traversant le pont situé en avant de la palissade. C'était un officier capable et utile, qu'on ne remplacera pas facilement.

Je vous soumets les noms des commandants des régiments. C'est à eux, en même temps qu'aux chefs des brigades, qu'il faut s'en rapporter pour la conduite héroïque de leurs hommes.

COMMANDANTS DE RÉGIMENT DE LA 1ʳᵉ BRIGADE.

142ᵉ volontaire de New-York....... lieutenant-colonel Burney.
117ᵉ   »   de New-York........ lieutenant-colonel Meyer.
112ᵉ   »   de New-York........ colonel Smith.
3ᵉ   »   de New-York........ lieutenant Behan.

2ᵉ BRIGADE.

48ᵉ volontaire de New-York........ lieutenant-colonel Coan.
66ᵉ   »   de Pennsylvanie...... colonel Littel.
47ᵉ   »   de New-York........ colonel Mac Donald.
203ᵉ   »   de Pennsylvanie..... colonel Moore.
97ᵉ   »   de Pennsylvanie..... 1ᵉʳ lieutenant Wariswrigt.

3ᵉ BRIGADE.

169ᵉ volontaire de New-York........ colonel Alonzo Aldén.
13ᵉ   »   de d'Indiana......... lieutenant-colonel Zent.
4ᵉ   »   de New-Hampshire... capitaine Roberts.
115ᵉ   »   de New-York........ lieutenant-colonel Johson.

Le colonel Moore a conduit le 203ᵉ volontaire de Pensylvanie avec la bravoure la plus distinguée. Il a été tué dans le fort à la tête de son régiment. C'était un officier qui n'était surpassé par aucun.

autre et qui en comptait très-peu qui fussent à son
niveau.

Le lieutenant-colonel Zent, commandant le
13° régiment d'Indiana, s'est déployé à 2 ou 300
yards du fort avec un détachement de volontaires
de la 3° brigade, qui faisaient en tout 100 hommes.
Son feu a puissamment aidé notre approche.

Le major Lawrence, 13° volontaire d'Indiana, et
le lieutenant-colonel Colvin, 169° volontaire de
New-York, se sont bravement comportés et ont
rendu des services efficaces en rassemblant et en
organisant les troupes qui s'étaient séparées de leur
commandement pendant la charge et en les conduisant à des positions où elles ont obtenu des
avantages importants. Le capitaine Huckins, 4° volontaire New-Hampshire, et le premier lieutenant
Konig, des troupes de couleur [des États-Unis,
officier d'état-major du colonel Bell, commandant
la 3° brigade, se sont montrés infatigables et ont
rendu des services essentiels en remplaçant les
officiers de mon état-major qui avaient été tués au
commencement de l'affaire.

Les soldats Airic Chapin, James Spring, compagnie G, 142° volontaire de New-York; Hotchkiss,
compagnie A, et Kingsland, compagnie D; 169° vo-

lontaire de New-York, ont marché volontairement
sur un point qui était considérablement en avant
de nos lignes de tirailleurs dont ils faisaient partie,
et c'est à eux que nous avons dû d'être renseignés
sur le fossé. Les soldats James Cadman, blessé;
Cabe, compagnie B; George Hoyt, Porteus, compagnie C; Morgan, Edwart, Pettue, compagnie E;
Cooper, compagnie G, blessé; Silas Backer, compagnie E, tué; Mervil, Macduff, compagnie I;
Neadh, Bruce Anderson, compagnie K, tous du
142° volontaire de New-York, se sont avancés volontairement à la tête de la colonne et ont coupé la
palissade.

Je vous enverrai la copie des rapports des commandants des brigades; vous y trouverez la liste
des officiers et des hommes qui se sont distingués
en particulier. Je vous recommande pour la mé-
daille tous les hommes qui ont été mentionnés.

Je dois louer le zèle et la bravoure de mes officiers d'état-major pendant le cours de la journée.
Ils allaient continuellement d'un lieu à l'autre au
milieu du feu le plus vif. Ils sont dignes d'être
recommandés pour l'avancement en raison des
services qu'ils ont rendus. Le capitaine Charles
Carleton, aide-adjudant général; le capitaine Law-

rence, aide de camp, fonctionnaire ; le capitaine
Loockwood, aide de camp ; le capitaine Dawson,
aide-inspecteur général ; le capitaine Matthew ,
maréchal-prévôt ; le capitaine Kecler, officier aux
revues.

Le capitaine Lawrence a le premier traversé la
palissade, et comme il tendait la main pour recevoir un guidon qu'il voulait planter sur le parapet,
un obus a éclaté près de lui et lui a emporté le bras
gauche en le blessant à la gorge ; plus tard il a été
blessé au bras droit. Pour ses services dans cette
occasion, ainsi que dans une autre antérieure, je
demande avec instance qu'il soit avancé. Le capitaine Dawson a été démonté par une blessure au
bras gauche. C'est au capitaine Loockwood que le
général Whiting et le colonel Lamb se sont rendus,
avec leur garnison, dans la redoute Buchanan.

A. AMES,
Brigadier général des volontaires.

RAPPORT SUR LES CANONS RAYÉS.

Instructions de M. le commodore Wise chef de bureau de l'artillerie à MM. Misroon, Hitchcock, Hunt, commodores, et à MM. Aulick, Jeffers, lieutenants commandeurs de la marine des États-Unis.

Washington, 4 janvier 1865.

Messieurs, — le Comité vous a désignés pour examiner la question des canons rayés pour la marine et lui faire un rapport.

On vous soumettra le rapport des dernières opérations contre Wilmington, d'où il résulte que plusieurs canons Parrott ont malheureusement éclaté et fait périr plusieurs hommes, la confiance des marins en est sérieusement ébranlée ; et plusieurs changements et modifications sont devenus nécessaires dans le système des canons fabriqués par M. Parrott.

Vous auriez par conséquent à rechercher, aussi à fond que vous le pourrez, la cause générale de l'explosion des canons Parrott, et vous établirez, selon votre jugement, s'ils méritent encore qu'on y ait confiance, et s'il faut continuer à les adopter comme canons rayés de la marine, ou s'il faut les abandonner tout à fait et leur en substituer d'autres.

Si vous décidez qu'il y a lieu de continuer le système Parrott, vous ferez connaître aussi s'il faut encore se servir des calibres actuels ; et dans le cas contraire, quels calibres il faut rejeter ; de même vous donnerez votre avis sur les réductions qu'il serait à propos d'opérer sur la charge et le poids des projectiles de plusieurs classes de canons.

Après vous être prononcé au sujet des canons rayés, et du mode de leur fabrication, vous établirez dans quelle proportion il faut les mettre dans les batteries de nos bâtiments.

Il faudra dresser un procès-verbal complet de vos délibérations, et faire un rapport détaillé au bureau, dont les divers employés sont mis à votre disposition.

WISE.

RAPPORT DE LA COMMISSION DES CANONS RAYÉS.

(A M. le commodore Wise chef de bureau de l'artillerie.)

Washington, 18 janvier 1865.

Monsieur. — Conformément à vos instructions du 4 courant, nous avons examiné avec soin la question qui nous était soumise, et nous avons l'honneur de vous soumettre le rapport que nous avons rédigé.

Nous avons trouvé, comme on le voit par le tableau A, qu'on a livré au service de la marine 703 canons Parrott, sur lesquels 21 ont éclaté ou ont été avariés par explosion.

Quantités d'avaries se sont manifestées par des fractures ou fissures qui mettaient à même de retirer les canons du service, à temps pour éviter les accidents; elles existaient presque toujours à la vo-

lée ou à la bouche de la pièce, et jamais sur la culasse, comme c'est l'ordinaire. — Ce qui démontre
clairement qu'elles provenaient de l'explosion prématurée de l'obus dans l'intérieur des canons, —
le fait est d'ailleurs corroboré par le témoignage di-
rect de la plupart des officiers qui en étaient chargés.

Ces explosions prématurées d'obus se sont souvent produites sans occasionner d'avarie apparente
dans les canons rayés, tandis que dans d'autres cas,
elles ont occasionné une rupture instantanée. Mais
bien que les canons n'eussent pas d'avarie apparente, il n'est pas prouvé qu'ils n'en aient pas eu de
réelles, et il existe une grande présomption pour
qu'il en ait été ainsi; car, quoique nous trouvions
dans les états envoyés au bureau, qu'il y a eu plusieurs explosions prématurées qui n'ont pas occasionné d'avarie apparente, cependant aucun cas ne
paraît s'être présenté où, après un fait pareil, l'officier qui dressait le rapport ait jugé nécessaire d'examiner le canon pour se rendre compte de l'effet produit.

On a constaté 33 explosions prématurées dans
112 salves tirées sur des cibles avec des canons de
tout calibre, et il n'y a pas un mot exprimant qu'on
ait examiné les canons.

Il y a cependant un exemple, concluant à cet
égard, qui s'est présenté dans une épreuve d'un
canon de 110 à *Cold-Spring*.

Au second coup l'obus fit explosion d'une manière prématurée, et il ne se manifesta dans le canon aucune avarie apparente, — il résista sans éclater à dix salves d'épreuves qui furent tirées à la
suite ; mais un examen postérieur montre que
l'âme était sérieusement fêlée, et il fut rejeté.

Le brigadier général Turner, chef de l'artillerie
dans le département du sud, constate que durant
les opérations contre Charleston (voir le rapport du
général Gillmore, page 155) « l'explosion prématurée des obus qui s'est fréquemment présentée dans
notre tir a été le sujet d'une attention sérieuse ; le
choc produit par l'explosion prématurée d'un obus
dans l'intérieur du canon ne peut que tendre à le
détruire rapidement ; en effet, dans les exemples
que j'ai pu observer personnellement, je suis convaincu que c'était une cause directe et immédiate.
Dans un canon de 100 qui a éclaté en projetant sa
culasse séparée du renfort, j'ai trouvé dans le canon la base de l'obus. L'obus avait fait explosion
en laissant sa base dans le canon. Cette base s'était
engagée dans les rayures et était demeuré perpendi-

culaire à l'axe de la pièce, et quelques pouces en
arrière de sa première position, montrant ainsi que
la dernière force qui avait agi sur elle, provenait
de l'explosion de la poudre de l'obus.

« Le même rapport dit (page 139) que les exemples fréquents d'explosion prématurée, qui se sont
présentées avec les obus dans les canons Whitworth,
ont rendu absolument nécessaire l'abandon des
obus. »

« Les rapports démontrent que la question des explosions fréquentes des obus dans les canons rayés
a été prise en considération par le bureau, et que
depuis plus d'un an on fait des expériences en vue
d'y porter remède, en mettant une doublure sur la
surface interne des obus.

« Ces expériences démontrent que, à mesure que
la doublure s'est perfectionnée, l'explosion prématurée des obus a diminué de plus en plus, jusqu'à
cesser tout à fait.

« On a tiré 700 coups sans qu'un seul obus ait
éclaté, ou que les canons aient été avariés.

« Ce résultat n'a été obtenu que depuis quelques
semaines, et n'est pas encore généralement connu
dans le service. Les obus délivrés au service jusqu'à présent n'étaient pas doublés à l'intérieur,

parce qu'on n'a pas trouvé de substance réunissant
toutes les conditions d'une bonne doublure, quoique quelques obus aient été protégés en partie (1).

(1) Extrait d'une lettre du lieutenant-commander Temple,
steamer *Pontoosuc*, 7 janvier 1865, employé au bombardement du fort Fisher, 25 et 26 décembre : « J'ai pris soin
moi-même de me munir d'obus doublés d'asphalte, et quoique tous les autres navires aient vu se renouveler les explosions prématurées, nous n'en avons eu aucune. »

On pense que ces expériences attesteront complètement
toutes les circonstances sous lesquelles les canons et les projectiles peuvent se trouver.

Nous pensons que, d'après le résultat de ces expériences,
on pourrait décider s'il faut conserver les canons Parrott
dans le service ou les condamner. C'est ce qu'il nous est impossible de décider à présent, d'après les recherches minu-
tieuses que nous avons faites, tant sur les États du bureau
qu'en compulsant les témoignages de M. Parrott. (Voir la
feuille marquée D.)

La décision étant pendante, nous avons considéré qu'il
était convenable de recommander au bureau (voir la lettre
marquée E du 11 janvier) de lancer une circulaire pour indiquer certaines réductions dans la charge des pièces de 100,
et d'autres mesures de précaution qui pourraient obvier à
l'avenir, on l'espère du moins, à des accidents très-sérieux.

Que des canons aient été parfois avariés par d'autres
causes que des explosions prématurées d'obus, telles que
l'usage de la poudre comprimée, des projectiles que M. Parrott juge ne pas convenir pour ses canons, des canons tenus
longtemps chargés, et aussi par suite de la négligence appor-

Cependant, comme ces expériences ne peuvent
pas être considérés comme suffisamment étendues

tée dans la chaleur du combat pour lubréfier les projectiles
tel que le veut l'ordonnance; c'est une précaution des plus
importantes et des plus nécessaires, ayant pour objet non-
seulement le libre mouvement du projectile, mais particulièrement comme moyen de neutraliser les dépôts de poudres
si tenaces qu'on a pu les admettre comme causes efficientes;
c'est ce dont on ne saurait douter, mais cela a toujours été
l'exception.

La poudre comprimée que l'on a employée pendant un
temps avec les canons Parrott était autorisée par le bureau
sur la recommandation de M. Parrott et de l'officier d'artillerie résidant à la fonderie; mais son usage a été discontinué
après qu'on eut reconnu qu'il était nuisible.

L'*Army and Navy Gazette* anglaise du 24 décembre 1864
fournit un exemple survenu récemment en Angleterre dans
l'essai du canon Armstrong, démontrant que l'explosion prématurée de l'obus fait aussi bien éclater les canons en fer
forgé que ceux en fer coulé.

Le tableau 2 placé ci-dessous démontre l'extrême durée
des canons Parrott dans les épreuves et dans le service, autant que nous avons pu l'obtenir. Cependant les rapports du
service ne sont pas complets, et la date de plusieurs rapports
remonte à plus d'un an. On doit supposer néanmoins que
plusieurs canons ont supporté plus de coups que n'en in-
diquent les tables.

Le tableau C montre le nombre, la manière et la cause des
pertes des canons de service aussi loin que les rapports
s'étendent. Il faudrait remarquer aussi que, dans ce cas, les

pour être concluantes, et que l'explosion prématurée des obus est certainement une des causes de la

rapports sont très-incomplets, et, dans quelques exemples,
ils ne fournissent pas de données sur lesquelles on puisse se
faire une opinion de la cause qui a fait manquer les canons.

Relativement à la durée fournie par les canons rayés de
Parrott, dans les essais et en service, nous pensons qu'il est
à propos de constater que, dans notre opinion, le bureau est
complètement justifié de les avoir adoptés dans le service de
la marine, comme les meilleurs canons en état de satisfaire
à ses besoins immédiats, attendu que divers autres systèmes
de canons rayés en fer coulé ont manqué ou bien ont été
retirés comme impropres au service.

C'est pourquoi, dans la pensée que les canons de cette
espèce qui ont manqué ou éclaté peuvent avoir été affectés
par une ou plusieurs des causes que nous avons énumérées
ci-dessus, spécialement l'explosion des obus coïncidant ou
précédant le moment où la pièce a éclaté, nous recommandons de conserver toutes les classes des canons Parrott, sauf
la pièce de 150, jusqu'à ce qu'on ait fait les expériences que
nous venons de recommander.

Nous suggérerions aussi de retirer immédiatement ceux
des canons Parrott qui peuvent avoir été soumis à l'une des
causes de détérioration indiquées ci-dessus, et qu'on ne puisse
les délivrer à la marine que comme canons de chasse, sans
en mettre plus de deux sur les grands bâtiments et plus d'un
sur les petits, à l'exclusion des obusiers rayés.

En ce qui concerne le canon de fer forgé, tous les renseignements officiels que nous avons pu nous procurer montrent
que le résultat n'a pas été favorable à leur durée dans les

perte des canons Parrott, et la principale, selon l'opinion de l'inventeur, nous pensons que la ques-

gros calibres, et que même, dans beaucoup de cas, ils se sont montrés moins forts que les canons de fer coulé. Exemple, le canon original « l'Orégon, » mis à bord du *Princeton* et qui a éclaté, et le second canon « Peacemaker, » qui a sauté en occasionnant beaucoup de dommage.

Le canon de 13 pouces, fait l'an passé par M. Ericson, n'a pu supporter qu'un nombre de coups très-limité. Un canon de 80 construit à l'arsenal maritime de Washington, ainsi qu'un canon du même calibre fait par MM. Seyfert, Mac-Manus et Cie, à Reading, avaient des gerçures compromettantes avant les épreuves.

On a essayé plusieurs canons en fer forgé de la manufacture de M. Horatio-Ames : l'un, du calibre de 50, a supporté 1,600 coups, et, quoiqu'il ait montré des fissures profondes au fond de l'âme, il pourrait encore supporter un nombre indéfini de coups, les expériences ayant été suspendues en raison de l'élargissement excessif de la lumière.

Un canon de 50, de fer coulé, du même modèle, a supporté 2,000 coups. Les canons de ce calibre ont une durée suffisante dans les canons de fonte ou les canons cerclés de M. Parrott.

Les canons demi-acier de M. Norman-Wiard, du calibre de 50, étaient en expérience; mais on a abandonné les expériences, parce que ces canons avaient une durée très-limitée et très-inégale; un d'entre eux a éclaté après neuf coups.

On n'a publié aucun rapport officiel ou semi-officiel assez satisfaisant sur la durée des canons de gros calibre des

tion devrait être élucidée de manière à enlever toute
espèce de doute à ce sujet, afin que l'on sache
aussi s'il est possible ou non d'y remédier entièrement.

Nous recommandons par conséquent qu'on éta-
blisse à Cold-Spring, et dans tout autre point que le
bureau pourra désigner, une série d'expériences
qui seront conduites de la manière suivante :

Trois canons de 100, ayant exactement le même
caractère sous tous les rapports, c'est-à-dire faits

puissances étrangères, pour nous amener à recommander
d'adopter entièrement le fer forgé ou tout autre système, à
l'exclusion des canons cerclés de fer coulé. Les calibres
Armstrong, de 10 pouces 5, et autres forts calibres de divers
fabricants, n'ont résisté qu'à un nombre limité de coups, et
les premiers ont éclaté par explosion en faisant sauter la
culasse.

Un canon Whitworth rayé, de 50, qui est maintenant au
parc de l'artillerie, a commencé à se dévisser à la culasse et
le cercle des tourillons se trouve fendu après 32 coups. Deux
autres canons, du même fabricant, pris sur un coureur de
blocus, et que l'on a mis en batterie sur l'île Morris, ont été
mis hors de service après 110 coups. Le canon Armstrong
de 110 lui-même ne paraît pas être exempt de défauts sérieux comme canon de marine, car la rupture d'un obus
dans l'âme d'un canon de cette espèce paraît avoir été capable de le détruire. (Voir *Army and Navy Gazette*, 24 décembre 1864.)

avec le même fer, fondus en même temps et de la
même manière, coulés tous trois dans la même coulée, devront être mis l'un à côté de l'autre et tirer
mille fois avec la charge de poudre du service, et
des obus du même poids et de la même espèce. Les
obus d'un des canons étant déchargés et ramenés
au poids uniforme en les remplissant de sable ou
de quelqu'autre matière non explosive ; les obus du
second canon chargés et avec leur fusée, mais sans
doublure à l'intérieur ; ceux du troisième canon re-
vêtus à l'intérieur d'une enveloppe de la nouvelle
composition, et avec charges et fusées identiques à
celles du canon n° 2. Toutes les autres conditions
de tir seraient *exactement les mêmes*, y compris un
certain nombre de coups tirés à tir précipité. Quelques-uns des canons de 150 et de 100 faits récemment ont été coulés en creux sur les plans de Rodman, mais on en a livré très-peu au service — (5 canons de 100). Ainsi comme la grande majorité des
canons en service est coulée massive, nous sommes
d'avis que l'expérience se fasse avec des canons
coulés massifs.

Le canon Ames, soumis dernièrement à des
expériences devant une commission de l'armée et
de la marine, — un membre de ce bureau en fai-

sait partie — a montré beaucoup de force et de durée, quoiqu'il s'y soit développé des fissures dès le commencement du feu ; mais, dans sa forme actuelle, le calibre est trop petit, et, ni sa forme, ni son poids ne sont assortis aux bâtiments de la marine. Mais comme l'inventeur ne réclame pas une forme particulière, et qu'il se borne à un mode de fabrication, assurant qu'il est en état de faire des canons de n'importe quelle forme, nous recommandons au bureau de désigner un canon, assorti aux bâtiments à tourelles par son calibre, son poids et sa forme, et qu'on le soumette à l'expérience, ce qui permettrait de retirer immédiatement de ces bâtiments les canons de 150, car l'effet d'une explosion de cette espèce sur les bâtiments ne manquerait pas d'être très-désastreux.

Tant que les opinions que nous avons exprimées ici n'auront pas été vérifiées par les expériences que nous recommandons, nous ne nous sentons pas prêts à rendre un arrêt définitif sur les questions qui nous sont soumises.

Nous sommes, Monsieur, avec respect, vos obéissants serviteurs :

Les commodores Misroon, Hitchcock, Hunt ;

les lieutenants-commanders Aulick, Jeffers.

APPENDICES.

A

TABLEAU DES CANONS RAYÉS DE PARROTT EMPLOYÉS DANS LA MARINE DES ÉTATS-UNIS LE 1er JANVIER 1865.

Calibre.	Nombre livré au service.	Éclatés.	Mode d'éclatement.				Connus pour s'être fêlés par l'explosion prématurée de l'obus.
			Craqués, culasse soutée.	Craqués ou éclatés dans le cercle.	Craqués ou éclatés entre le cercle et les tours à clous.	Claqués ou éclatés à la bouche.	
150	35	2	»	»	»	2	2
100	176	14*	2	4	1	5	4
60	9	»	»	»	»	»	»
30	302	3	»	2	»	1	1
20	181	2	»	»	1	1	2

* Il n'y a pas de donnée sur la manière dont deux de ces canons ont éclaté. Outre les cinq canons de 100 qui ont éclaté à l'attaque du fort Fisher, on a été informé, d'une manière officielle, que treize autres canons de différents calibres avaient été assez avariés pour être mis hors de service; mais on ne connaît de détails d'aucune espèce pour se faire une opinion sur la cause ou le caractère de ces avaries.

B

DURÉE EXTRÊME DES CANONS PARROTT EN ÉPREUVE ET EN SERVICE.

Calibre.	10 pouces.	8 pouces.	100 livres.	60 liv.	30 liv.	20 livres.	10 livres.	Lieu de l'emploi.
Tir pour	»	420†	1000	500	»	»	1000	A la fonderie.
essais d'épreuve	»	»	300	»	»	»	300	Id.
en service.	1206*	1400	1590*	»	4650	»	»	Ile Morris.
....	»	»	1150	»	»	»	»	Id.
....	»	660	...	.	..	...	..	(Batterie navale.
....	»	660	...	.	..	...	..	(Ile Morris.
....	...	522	...	.	..	...	..	Tourelle de Monitor.
....	...	547	...	.	..	...	..	Id.
....	...	...	740	.	..	...	..	V Geneese steamer.
....	...	485	...	.	..	...	..	Ottawa steamer.
....	...	388	...	.	..	...	..	Monongahela s.
....	...	599	...	.	..	...	..	Ile Morris s.
....	...	...	445	.	..	...	..	Southfield s.
....	...	...	430	.	..	...	..	Pawnee s.
....	...	...	411	.	..	...	..	Octovara s.
....	...	...	...	.	380	...	..	Blackhawk s.
....	...	...	...	.	347	...	..	Granite s.
....	...	...	...	.	267	...	..	Estella s.
....	...	...	...	..		2000*	..	Wicksburg.
....	...	...	...	.	..	713	..	Niphon s.
....	...	...	...	.	..	409	..	Owasco s.

* Éclaté en service.
† Avec l'obus de Hotchkers et Sehenkl.

Natures où les canons étaient montés	Date de l'avarie	Canons de :	Numéros	Charge	Espèce de poudre	Espèce de projectile au moment de l'explosion	Place de la fracture	Obus doublés ou non	Explosion prématurée de l'obus au moment de l'avarie	Explosion prématurée probable de l'obus	Nombre total des coups
Patapsco	22 juillet 63	8 pouces	6	......	....	....	Légère fêlure à la bouche	Non	»	1	»
Pequot	12 septemb. 64	Id.	59	16 liv. n° 7	Du Pont	Parrott P. F.	3 pl. 10 po. de la bouche	Non	1	5	57
Hanchbank	19 juin 64	100 livres	2	10 liv. n° 7	Poudre (? Doremus)	Schenkl	10 po. id.	»	1	....	220
Westfield	31 octobre 62	»	4	......		....	Sauté	»	»	»	138
Mahaska	1863	»	6	10 liv. n° 7	Du Pont	Obus Schenkl	36 pouces de la bouche	»	1	4	350
Com. Barney	10 avril 62	»	11	......	....	....	A la bouche	.	2	»	»
Cimarron	15 février 64	»	21	......	....	....	22 ½ po. de la bouche	.	1	....	118
Paul Jones	18 juillet 63	4	24	......	....	....	Éclaté	.	...	....	78
Juniata	25 décem. 64	...	29	......	....	....	Éclaté	.	...	....	...
Com. Parry	17 juin 64	...	43	10 liv. n° 7	....	....	Éclaté à la culasse	.	...	....	226
Quaker City	......	...	137	......	....	....	Id.	.	...	....	Id.
Machinaw	26 décemb. 64	...	141	10 liv.	....	....	Éclaté, culasse sautée	.	...	....	117
Tianderoga	14 novemb. 64	...	162	10 liv.	....	Parrott L. S.	Éclaté à la bouche	.	1	....	12
Yantic	24 décemb. 64	...	166	10 liv. n° 7.	Du Pont	Obus à percussion	Culasse sautée	.	...	....	19
Mendota	24 juillet 64	...	238	10 liv. n° 7		Obus Parrott	Filé du tourillon avec cercle	»	...	....	139
Ticonderoga	24 décemb. 64	...	311	Id.	Hazard	Shrapnell	Éclaté	.	...	....	...
Montgomery	mai 1864	30 livres	11	......	....	....	Lumière filé / Fêlé en travers le cercle aussi fêlé	.	...	....	49
Connecticut	3 mai 64	»	35	3 liv. ¼	C° Doremus	Obus non chargé		»	...	....	...
Quaker City	4 février 64	20 livres	92	......	C° Doremus	....	18 pouces de la bouche	.	...	....	...
Union	16 janvier 64	...	240	2 liv.	....	Obus Schenkl	Sur le siège de l'obus	.	...	....	...

Navires.	Causes du manquement.	REMARQUES.
	Explosion probable de l'obus.	
	Explosion d'obus.	Projectile non graissé.
		Éclaté à la culasse et ouvert la bande en plusieurs places; les 18 derniers coups avec la poudre comprimée.
	Usage de la poudre comprimée.	Quatre explosions prématurées du 6e au 18e coup. Brisé deux fois à la bouche.
	Explosion de l'obus.	L'obus Schenkl avait été 40 jours dans le canon.
	Données insuffisantes.	Fracture du tourillon à l'arrière du cercle.
	(Aucun détail pour montrer une autre cause de manquement, si ce n'est le manque de durée du canon.)	Projectile non graissé. Cercle brisé en trois morceaux. 1 tué, 5 blessés.
	Explosion de l'obus.	
	Pas d'autres détails, si ce n'est le manque de durée.	Au moment de l'avarie l'obus a fait explosion à 2 ½ milles du canon. Projectiles Hotchkiss graissés avec fusée à percussion.
	Ditto.	Éclaté au 27e feu. 8 tués, 12 blessés.
Montgomery.	Manque de durée.	Ce canon avait été atteint sur le cercle par un boulet ou un obus, avait été à Monticullo. 20 coups tirés sur le Calypso.
Connecticut.	Probablement par le choc du boulet.	Dans le même exercice une explosion prématurée est survenue à un autre canon de 30.
Union.	Explosion d'obus.	On avait tiré 8 coups avec les fusées à temps de la marine au moment de l'avarie du canon.

LES CANONS PARROTT.

Les canons Parrott, de 100, qui ont crevé au bombardement du fort Fisher, ceux de cette espèce, et des calibres supérieurs qui ont crevé pendant le bombardement de Charleston, viennent compléter la liste des insuccès des gros canons rayés. On connaît bien les principes en vertu desquels un effort peut se communiquer à un tube soumis à un écoulement interne. Les pratiques qui se déduisent de ces principes ont exercé les meilleurs mécaniciens de ce pays et de l'Angleterre ; et le canon Parrott, soumis à une rude épreuve, a prouvé qu'il n'était pas beaucoup supérieur à un canon Armstrong et au Whitworth ; cependant, fabriqué à un prix moindre de moitié, il a résisté à une plus forte épreuve que les deux autres canons, et c'est lui qui approche le plus de la déduction logique du principe de construction qu'il renferme.

La théorie en est fort simple. Supposez que le canon dans lequel une charge de poudre fait son explosion se compose d'une série de tubes, épais, par exemple, d'un dixième de pouce chacun, cha-

cun des tubes en partant du centre se dilatera plus
que celui qui est en dehors, de telle sorte que l'on
arrivera rapidement à un point où l'effort sur l'anneau externe sera si faible qu'il n'augmentera pas
la force pratique des anneaux internes. La puissance maximum d'un canon de fer coulé, de quelqu'épaisseur qu'il soit, a par conséquent pour limite
la force de résistance du tube interne admis par
l'hypothèse.

Le canon Rodman, le plus fort des canons coulés
en usage, doit sa force à la manière particulière
dont il est coulé, et qui donne à sa portion interne
le maximum de force dont elle est susceptible. On
obtient la chose en coulant le canon sur un tro-
gnon de fer, au milieu duquel on a établi un courant continu d'eau à la glace. On établit des feux
de charbon de bois autour du canon et on régu-
larise par ce procédé le refroidissement du métal,
en allant de l'intérieur à l'extérieur, de telle façon
que les couches internes du canon ont le maximum
de force et que le métal a partout une liaison et
une densité uniformes. Pour obtenir la grande
force requise dans les gros canons rayés, Armstrong, Whitworth, Blakely, Parrott et autres ont
appliqué de diverses manières le principe en vertu

duquel on doit accroître la puissance du tube interne, afin de résister à l'expansion. Tous ont comprimé sur lui un ou plusieurs tubes de renfort, afin qu'une partie de la forte explosion soit amortie par la force de résistance de l'anneau extérieur avant que l'effort ordinaire ne vienne à faire jouer le tube intérieur. L'application la plus simple se rencontre dans le canon Parrott. Un seul cercle de fer forgé d'épaisseur uniforme est contracté sur la culasse du canon de fer coulé, à l'endroit où le plus grand effort se fait sentir.

Une des difficultés de tous ces canons consiste en ce que la glène ou le système de tubes ne donne aucune force en plus, pour résister à la composante dirigée suivant l'axe du canon, durant la déflagration de la poudre. C'est pour cela que les pièces d'Armstrong et de Parrott ont souvent crevé en projetant la culasse, quoique les premières, par suite de leur structure compliquée, soient beaucoup plus sujettes à cet accident que les dernières qui sont homogènes.

Une autre difficulté, et celle-ci est des plus sérieuses, qui dérive directement du principe exposé ci-dessus, c'est que le fer forgé comme le fer coulé, qu'il soit soumis à un effort permanent ou à une

succession d'efforts (comme cela a lieu dans les
ponts de chemin de fer ou dans les canons que l'on
tire souvent), qui dépassent le sixième ou le hui-
tième du poids nécessaire pour la rupture, finit par
perdre son élasticité, et sa force, ses molécules
prenant un équilibre permanent, au lieu de reprendre leur disposition originelle et leur force
première, dès que l'effort a cessé. De là, l'usure
d'un canon par des décharges répétées. Dans le
service anglais, on garde, aussi loin que possible,
un registre du nombre de coups tirés par chaque
canon, et après un certain nombre de coups, le
canon est considéré comme ne pouvant plus être
mis en service. C'est pour cette raison que les anneaux extérieurs des canons sont aussi sujets à
contracter l'effort permanent, et à cesser, quand
ils l'ont atteint, l'effort de compression qu'ils
avaient mission d'exercer sur les tubes sous-jacents
ou sur le tube interne. L'explication des canons
crevés devant Charleston et dans lesquels le renfort
ou anneau de fer forgé restait adhérent à la partie
antérieure du canon, tandis que la culasse était
projetée à l'arrière avec toute la portion du tube
interne en arrière de la lumière, semble venir à
l'appui de notre assertion ; car la plus grande ex-

pansion a dû s'opérer à l'endroit où la force d'explosion était la plus puissante. Si ce raisonnement est exact, il sera de plus en plus possible d'en faire dériver, l'un après l'autre, les principes bien connus qui régissent la force des tubes soumis à des pressions de cette espèce.

La Commission nommée par le bureau de l'artillerie au département de la marine paraît penser, d'après son rapport, que la principale cause qui fait crever les gros canons provient de ce que les obus éclatent dans leur intérieur. M. Parrott lui-même partage cette opinion, et la Commission a cité plusieurs faits qui semblent corroborer sa manière de voir. Il paraît qu'un revêtement d'asphalte obvie à cette difficulté, et que par conséquent, c'est une difficulté vaincue en pratique et qui ne regarde que le passé, sauf l'approvisionnement des navires qui sont trop éloignés des dépôts pour changer leurs munitions.

La Commission recommande une série d'expériences que trois pièces de 100, fabriquées aussi semblables que possible, soient tirées autant que possible dans des circonstances similaires, l'un avec les vieux obus patentés, l'autre avec des obus chargés de sable, et le troisième enfin, avec des obus doublés d'asphalte. Les canons ne seront pas coulés sur le principe de Rodman, car il n'y a eu que peu de canons de cette espèce livrés au service de la marine : cinq en tout, à dater d'aujourd'hui.

Ces recommandations sont très-bonnes en tout ce qu'elles embrassent ; mais elles sont loin d'embrasser toute la question. Tout le résultat qu'elles peuvent donner, c'est de faire voir les avaries occasionnées quand des obus crèvent dans l'intérieur du canon, et les expériences ne montreront pas autre chose. Il vaudrait mieux les diriger en vue de s'assurer quel peut être le pouvoir de résistance du système Parrott, quand on tire avec les projectiles efficaces.

Dans cet ordre d'idées, nous espérerions un résultat d'une signification supérieure :

1° Qu'on tire deux canons au lieu d'un dans les conditions ci-dessus : A. a. avec les vieux obus ; B. b. avec les obus chargés de sable, C. c. avec les obus doublés d'asphalte ; 2° que deux canons D. d.; coulés sur le principe Rodman, soient tirés avec des obus remplis de sable, le renfort étant mis de la manière ordinaire ; 3° que deux autres canons E. e., coulés sur le principe Rodman, aient leur cercle de renfort placé comme l'indique le général

Gillmore dans son rapport et soient aussi tirés avec des obus pleins de sable. La comparaison des résultats obtenus avec les canons A. *a.* et C. *c.* montrera l'avantage des doublures d'asphalte pour les projectiles. La comparaison des deux résultats, avec ceux obtenus par les canons B. *b.*, montrera combien les uns et les autres s'éloignent du meilleur projectile possible. Et la comparaison des résultats obtenus avec les canons B. *b.*, D. *d.*, E. *e.* montrera quels avantages présente le système de la fonte Rodman, et s'il peut résulter quelque bénéfice d'attacher le renfort d'après le procédé proposé par le général Gillmore.

Tous ces canons devraient être tirés jusqu'à crever. Il faudrait, à chaque dixaine de coups, les nettoyer et les examiner au miroir et à la patte de chat. La sonde à lumière donnerait l'impression précise de la lumière et la patte de chat celle de toutes les fêlures internes. Il faudrait noter tous les obus qui crèvent dans le canon et examiner la pièce avec un soin tout spécial après chaque accident. Il ne faut pas qu'on donne à la fonte des canons un soin beaucoup plus grand qu'à celle de ceux que l'on fabrique sur une grande échelle pour le service.

Comme l'armée est aussi intéressée au résultat de ces expériences que la marine, nous voudrions voir le général Gillmore et le général Hunt, l'habile commandant de l'artillerie de l'armée du Potomac, associés à MM. les commodores Misroon et Hitchcock pour diriger les expériences et en faire le rapport.

Comme le canon rayé de Parrott est de beaucoup le meilleur marché en usage, on espère sincèrement que les résultats de ces expériences montreront que le canon Parrott peut être perfectionné au point d'être adopté par le service pour les forts calibres rayés.

(Army and Navy journal.)

ANECDOTE DE FARRAGUT.

Le juge Cowles rapporte l'anecdote suivante de l'amiral Farragut dans une adresse à la Chambre de commerce de New-York du mois de décembre dernier.

Un moment avant la prise de Norfolk par les rebelles, l'amiral Farragut, originaire du Sud ainsi que sa fidèle et noble épouse, fut invité par des

émissaires des chefs de l'insurrection à unir sa
fortune à leur cause. Il refusa sur le champ. On
renouvela la démarche pour faire changer sa résolution. On l'excita par toutes les considérations
qu'on supposait pouvoir influencer son orgueil ou
son ambition, par les liens de la parenté et du lieu
de sa naissance, à se ranger du côté des gens du
Sud ; il refusa encore. Les chefs rebelles apprirent
à le connaître ; ils le connurent mieux que ne le
connaissait alors son propre gouvernement : ils
connurent les qualités du lion qui sommeillaient
sous son apparence de modestie et de retraite habituelle, et les actes dont il était capable quand les
puissances latentes de l'homme auraient à se produire. Leur dernier effort pour le gagner à leur
cause fut de lui offrir telle position qu'il lui plairait
de nommer.

L'amiral Farragut est un homme d'une piété
sincère, mais sans bigoterie. Sa piété est modeste et
sans ostentation comme toute sa tenue habituelle,
mais cet assaut donné à sa loyauté était plus que
sa nature n'en pouvait supporter, et avec une explosion soudaine d'indignation, il répondit en vrai
matelot, indiquant les emblèmes de la république
qui flottaient près de lui : « Messieurs, vos efforts

sont inutiles. Je vous dis que je voudrais que chacun de vous fût damné plutôt que de lever mon
bras contre ce pavillon. »

Norfolk tomba bientôt au pouvoir des rebelles,
et l'on avertit Farragut qu'il n'y avait pas de place
pour lui dans le Sud. On ne lui laissait que quelques heures pour s'éloigner avec sa famille. Pressé
comme il l'était, il laissa derrière lui toutes ses
propriétés, qui furent immédiatement englouties
dans les incessantes confiscations de l'ennemi.

Il gagna la maison d'un ami au nord de Potomac, et s'écria en arrivant : « Me voici sans un
farthing, sans un lieu pour y reposer ma tête! »

C'est de cette façon que Farragut a rallié le Nord
et son gouvernement, promettant allégeance au
pavillon qu'il soutient depuis trois ans dans nombre de rudes combats contre la trahison armée.

(Army and Navy journal).

CANONS RAYÉS DE PARROTT.

L'honorable M. Gidon Welles, ministre de la
marine, a adressé à l'honorable Schuiler Colfax,
speaker de la Chambre des représentants, la lettre

suivante en réponse aux résolutions prises par la
Chambre le 5 janvier au sujet des canons Parrott
qui ont crevé à bord des navires de la flotte pendant la première attaque contre Wilmington.

Département de la marine, 19 janvier 1865.

Monsieur, — j'ai l'honneur de vous accuser ré-
ception de la résolution de la Chambre des représentants passée le 5 courant, pour demander au
ministre de la marine de communiquer à la Chambre, autant qu'il pourra le connaître, combien de
canons ont crevé à bord de notre flotte dans le
dernier bombardement du fort Fisher, sur quels
navires ils étaient montés, la cause de leur man-
quement, le nombre de personnes qu'ils ont tuées
ou blessées par leur explosion ; et s'il y avait parmi
eux des canons de fer forgé.

D'après les informations que j'ai reçues, il a été
constaté que cinq canons rayés de Parrott ont crevé
pendant le bombardement du fort Fisher, le 24,
25 et 26 décembre 1864 ; qu'ils étaient embarqués
chacun à bord des navires *Ticonderoga*, *Juniata*,
Mackinaw, *Quaker city*, et *Yantie*, et l'on a rap-

CANONS PARROTT.   9

porté qu'ils avaient tué ou blessé quarante-cinq personnes par suite de leur accident.

Nous manquons de données ultérieures sur le motif qui a fait crever ces canons.

Aucun d'eux n'était fabriqué uniquement de fer forgé. Ils étaient en fer coulé renforcé à la culasse par une bande de fer forgé.

(*Army and Navy journal.*)

RÉPLIQUE DE L'AMIRAL *Porter* AU GÉNÉRAL BUTLER.

A l'honorable Gédéon Welles, ministre de la marine
à Washington (district de Colombie).

Escadre de l'Atlantique Nord, vaisseau amiral des Etats-Unis *Malvern*,
dans la rivière Cap-Frac, 22 janvier 1865.

Monsieur, — j'ai lu le rapport du général Butler relatif à la dernière expédition contre Wilmington (à laquelle il a pris part), et bien que les derniers résultats obtenus (la prise du fort Fisher) réfutent complétement les assertions des généraux Butler et Weitzel, je pense que c'est un devoir envers la portion navale de l'expédition que le rapport du général Butler soit annoté de ma main.

Pour employer les termes les plus doux, je déclare tout d'abord que ce n'est qu'un tissu d'allégations fausses du commencement à la fin et que
la fausseté de celles relatives au lieutenant-général
peut à peine les égaler.

La marine avait attendu deux mois pour appareiller pour cette expédition, par des raisons con-
nues du lieutenant général et de moi-même, et qui
me satisfont complétement. Nous attendions le
moment favorable, il nous fallait un succès et non
un échec. « Je n'étais pas opposé moi-même à
l'expérience du *Louisiana* (car je pense qu'il faut
essayer tout ce qui le mérite), et je donnai tout
mon temps et toute mon attention à la mise dehors
de ce bâtiment. Je m'exténuai à le préparer en le
remplissant de poudre et je l'avais placé entre les
mains du maître charpentier, parce que le temps
me paraissait à tempête. Jugez de ma surprise
quand le général Butler vint à bord du vaisseau
amiral à Norfolk et me dit qu'il allait embarquer
les troupes sur les transports et qu'il serait prêt à
appareiller dans deux jours. Je lui dis que la chose
ne pouvait se faire, parce qu'un fort coup de vent
de sud-ouest arrivait et qu'il nous retarderait trois
jours au moins, et qu'il nous serait impossible de

mettre en mer et de bouger les transports. J'étais
d'avis de « n'embarquer les hommes qu'après le
coup de vent. »

Néanmoins, il embarque les troupes. La tempête fut violente pendant quatre jours et les troupes ont dû se trouver très-mal à bord. Quand la
tempête eut cessé, la flotte mit à la voile. Je dé-
clarai au général Butler que mes navires avaient
une marche très-lente ; qu'il faudrait remorquer
les monitors ; qu'il nous faudrait relâcher à Beaufort pour prendre des munitions et du charbon,
car j'étais effrayé de les aventurer en mer avec
un trop fort chargement. Je lui donnai avis d'attendre que nous ayons trente-six heures d'avance
sur lui ; et lui recommandai aussi le rendez-
vous de Beaufort (Caroline du Nord), où il aurait un bon mouillage. Jusqu'à ce moment, il ne
m'avait pas dit qu'il dût venir lui-même, mais
m'avait induit à penser que le général Weitzel
devait commander. Il ne prit pas mon avis pour
appareiller. Les transports mirent à la voile avant
toute la flotte, sauf les monitors, et au lieu du
rendez-vous de Beaufort où je pouvais espérer le
rencontrer, il donna celui devant Masonboro-
Inlett ; promena le vaisseau amiral pavoisé de pa-

villons devant l'ennemi sous le fort Fisher, dont
les batteries avancées tirèrent même sur les transports. Pendant ce temps-là, je travaillais nuit et
jour à préparer les monitors, à compléter les dispositions du navire-poudrière, et j'appareillai aussitôt prêt. Il n'y avait pas eu un moment où les
troupes auraient pû débarquer sans danger quand
eut lieu la première attaque. J'étais un juge compé-
tent, et non pas le général Butler, car je n'avais
pas foi dans son titre de général pour le suivre
en aveugle, quoique je fusse décidé à tout faire
pour lui, afin de faire réussir l'expédition s'il
était possible.

Je vis bientôt néanmoins que le général Butler
comptait entièrement sur la poudrière, et je vis
dès le commencement qu'il n'y aurait pas d'assaut.

Je vais maintenant annoter en détail le rapport du général Butler, et montrer en quoi il est
inexact.

Il dit d'abord qu'il donna à la marine trente-
six heures d'avance, c'est faux. Les transports
ont appareillé avant la marine et ont disparu. Le
général Butler, lui-même, les a quittés après moi.
Il parle du plus beau temps qu'il put y avoir en

mer, mais il ne dit rien du ressac sur la plage.
Aucun bateau ne peut débarquer sur la plage, à
moins que le vent n'ait soufflé frais de terre, et
pendant les journées en question, en regardant les
tables du loch, nous trouvions que le vent a
soufflé sud-ouest et sud. Le 15, les monitors n'é-
taient pas arrivés à Beaufort, le 16 et le 17, ils
ont fait leur charbon et se sont remplis de munitions, il a fallu qu'ils attendent le beau temps
pour passer la barre, le vent a soufflé du sud les 16,
17 et 18, et il y avait un fort ressac sur le rivage.
Pendant plusieurs nuits, M. Bradford, chargé de
la surveillance de la côte, s'en est approché, et a
chaviré dans les brisans en faisant une reconnaissance. C'était le devoir du général Butler de venir au rendez-vous de Beaufort, et d'y attendre
que les monitors et la poudrière (sur laquelle il
comptait tant) fussent prêts. Les mouvements des
transports rapides devaient être subordonnés aux
frégates et aux casaques de fer qui marchaient
lentement, et il aurait été dans un lieu où il aurait pu s'arranger avec moi pour concerter les
détails de l'attaque; mais non, il s'écarta de ma
route, et je pense qu'il l'a fait à dessein.

Quand j'arrivai au lieu du rendez-vous de la

marine avec les monitors, j'y trouvai le général
Butler.

J'ordonnai au bateau-poudrière d'avancer dans
la nuit du 18 (c'est la plus belle plage que nous
ayons eue), mais à la demande du général Butler,
communiquée par le général Weitzel, en présence
du lieutenant-commander Breese, capitaine de
flotte, je différai l'explosion, en attendant que le
général Butler m'ait dit qu'il était prêt. Toute la
correspondance à ce sujet vous a été envoyée, et
vous pouvez juger, par vous-même, jusqu'à quel
point l'assertion du général Butler est fondée.

Le général Butler affirme que « l'amiral Porter
était *tout à fait animé* parce qu'il avait fait taire
les canons du fort Fisher. On le pressa, puisqu'il
en était ainsi, de ranger les batteries intérieures
de la rivière du Cap-Féar, et que de cette façon
les troupes pourraient débarquer et tenir la plage
sans difficulté, ou du moins sans être exposées
à recevoir les coups d'obus de la canonnière ennemie *Tallehassee*, qu'on voyait dans la rivière.
C'est une allégation fausse, faite de propos déli-
béré. Le général Butler ne dit pas qui m'a pressé :
mais je n'ai jamais vu, ni lui, ni son état-major,
après le débarquement sur la plage, et je n'avais ja-

mais eu de conversation avec lui, et je ne l'avais
jamais vu (excepté sur le pont de son vaisseau, en
le rangeant avec mon vaisseau amiral) depuis le
moment où j'ai quitté le fort Monroë, jusqu'à celui où il nous a quitté après son échec.

Cette remarque prouve qu'il est aussi ignorant
en hydrographie que le général rebelle Whiting,
quand il a construit son fort dans un lieu où il
croyait que jamais les grands bâtiments ne s'appro-
cheraient assez pour pouvoir l'attaquer. Ni moi, ni
aucun marin de l'escadre n'avions la plus légère
idée de l'endroit où se trouvait le chenal, et combien il pouvait y avoir d'eau. Nous savions seulement qu'il y avait une barre intérieure et une
barre extérieure entre lesquelles était renfermée
une des plus redoutables fortifications du pays,
que les coureurs de blocus s'échouaient constamment en passant sur ces barres, et qu'il leur fallait attendre la pleine mer pour prendre le large.
Quand il n'y a plus eu de canon pour nous mo-
lester, quand j'ai eu sondé le chenal, et que je
l'ai eu balisé avec soin en y mettant des bouées,
presque toutes les canonnières d'un faible tirant
d'eau se sont échouées d'une manière déplorable,
et il leur a fallu attendre la pleine mer. Nous

avons eu pendant quarante-huit heures nos petites
canonnières sur la première barre, et elles avaient
à mouiller sous le canon des plus fortes batteries.
Elles auraient été dans une triste position, si les
rebelles avaient armé leurs batteries.

On a mis trois jours à faire passer les canonnières sur les *rips*, et l'une d'elles y est encore
échouée. Les *rips* sont commandés par environ
vingt canons de 10 po. et de 100 liv., et il ne serait pas resté une seule canonnière, si elles avaient
essayé de longer les batteries. Ç'aurait été un jeu
pour le général Butler, mais ç'eut été la perte
des canonnières. Je n'ai jamais eu la plus légère intention de doubler les batteries, si ce n'est
après la prise du fort. Le département à vu mon
plan, et qu'il était de la dernière impossibilité de
faire ainsi.

Il est certain que je n'aurais pas voulu être in-
fluencé par les opinions du général Butler en matière de marine, ni risquer mes navires pour lui
faire plaisir.

Tout le paragraphe suivant du rapport du général Butler concernant ce que « l'amiral a dit, »
ou ce que l'amiral a refusé de faire est faux du
commencement à la fin.

Je n'ai jamais eu de conversation de cette espèce avec personne ; en vérité, tout le rapport est
un tissu d'allégations fausses, y compris la partie
où il dit que les instructions qu'il a reçues n'a-
vaient « pas de siège en vue, etc., » quand il sait
bien qu'il n'avait jamais reçu d'instructions, et
qu'il a rallié l'expédition sans ordres.

Le général Butler parle qu'il a poussé les hommes en avant, à quelques cent yards du fort Fisher,
et qu'ils ont pris la batterie de Half-Moon et les
hommes. Le général doit avoir eu certainement
quelque chose dans l'œil, et il n'a pas bien vu.
La batterie de Half-Moon est à quatre milles du
fort Fisher, et il n'y avait pour l'armer qu'un seul
canon qui s'est tu après quelques boulets lancés
par les canonnières. Personne n'y est entré. Ce
n'était qu'une petite colline de sable que vingt
hommes auraient pu prendre. La batterie de Flag-
Pond était un plus grand ouvrage, construit par
les rebelles, où se trouvait un canon de 8 pouces
qui avait crevé depuis quelques temps. Les canonnières tirèrent dessus à obus et au débarquement du premier bateau chargé de troupes, les
marins y montèrent et trouvèrent là quelques en-
fants et des anciens (des jeunes réserves de la Ca-

roline du Nord) ; ils les emmenèrent sur le Santiago de Cuba. Les prisonniers étaient décidés à s'en aller. Plus tard, les troupes surprirent 218 hommes et officiers près du fort Fisher et les firent prisonniers.

Le général Butler dit qu'il a couru sur le *Chamberlain* à quelques cent yards du fort. S'il s'est approché aussi près et qu'on n'ait pas tiré sur lui, il doit avoir supposé que le fort était réduit à se taire : mais il ne s'est pas approché à plus d'un mille et demi du fort et n'a jamais débarqué lui-même.

Ce que le général Butler dit au sujet des difficultés de l'assaut par les palissades, le fossé et autres embarras a été réfuté par l'heureux assaut du général Terry sur le côté de terre, et par celui des marins qui ont échoué sur le côté du large quand trente braves officiers et matelots ont atteint le sommet du parapet et planté là leur pavillon. Des soldats, accoutumés à cette besogne, auraient réussi plus facilement qu'à l'endroit où le général Terry a monté. Car la montée était plus facile du côté des marins. Finalement, l'ouvrage s'est fait avec les mêmes troupes qu'avait le général Butler,

et en prenant la forteresse par son accès le plus
difficile.

Le général Butler admet que le feu de la marine
obligeait l'ennemi à se tenir dans ses casemates,
mais il craignait qu'il n'en sortît quand lui, Butler,
tenterait l'assaut. Le général Terry n'a pas été in-
fluencé par une pareille crainte, au contraire, nous
avons tiré vingt yards sur l'avant de nos troupes,
quand elles se battaient de casemates en casemates
et que le général signalait constamment « Feu ! vos
obus font très bien et nos hommes n'ont rien à en
redouter. »

En même temps le général Butler dit : « Le
temps prenait un aspect menaçant; le ressac venait
rouler sur la plage et le débarquement devenait
difficile. »

Je certifie que, pendant cette journée, le débarquement s'est fait par une mer plus belle que
quand le général Terry a débarqué. Je me suis con-
certé avec le chef d'état-major du général Butler,
le général Weitzel, pour mettre les troupes à terre
de bonne heure dans la matinée. Je lui ai donné
les embarcations, les navires, enfin toutes les choses qu'il m'a demandées, et, à trois heures de l'a-
près-midi, il n'y avait pas plus de trois mille hom-

mes à terre avec un peu de rations. Avec le général
Terry, j'ai commencé à débarquer les hommes à
huit heures trente minutes du matin, et à deux
heures du soir, huit mille cinq cents hommes
étaient sur la plage avec douze jours de provisions
et les outils de tranchée. Les hommes ont été rou-
lés dans le ressac, les cantines mouillées et plus
encore.

Ils allaient là pour y rester, et je savais, d'après
la conduite des hommes et des officiers, que le fort
serait à nous avant plusieurs jours. Il n'y avait pas
de nécessité pour le général Butler de rembarquer
ses hommes à cause du temps. La mer était dure
sur la plage, mais les canots de la flotte l'accos-
taient par moments et quand la chose était nécessaire. Les canonnières étaient mouillées à six
cents yards de la plage et couvraient les troupes
laissées à terre quand le général se retira après
avoir appris, par quelques réserves de la Caroline
du Nord, que la brigade de Hokes s'avançait et que
le fort recevait un renfort considérable. Mais de
quoi s'agissait-il? Nous étions venus pour le prendre, et le général Terry l'a pris avec les mêmes
hommes. Ils étaient décidés à suivre leur brave

général partout où il jugerait convenable de les conduire.

Après que le général Butler eut quitté la forteresse Monroë, la mer était plus mauvaise, trop mauvaise, pour débarquer des troupes ou les emmener au large ; mais le mauvais temps ne dura que vingt-quatre heures, et les troupes prirent le large sans beaucoup de difficulté. En fait, il n'était plus temps quand les communications furent interrompues tout à fait.

Si le général Butler avait commencé à débarquer les hommes (avec la détermination de rester) à huit heures du matin, ils auraient tous été à terre au coucher du soleil.

Nous avons débarqué les 8,500 hommes du général Terry en 5 heures et demie, et nous avons eu le temps de donner au fort une bonne secousse avant la nuit. Le général Butler dit qu'il donna l'ordre aux transports de faire route pour la forteresse de Monroë aussitôt que les troupes furent à bord, pour obéir aux ordres du lieutenant-général.

Le général Grant n'avait pas eu en vue la retraite des troupes. Il les avait envoyées ici pour rester, et une fois le débarquement fait, il savait que le plus difficile de la besogne était terminé. L'armée une fois en possession de l'isthme étroit, protégée qu'elle était par les canons de la flotte, la prise du fort Fisher n'était qu'une affaire de temps. (Dans une forte tourmente qui a duré hier et aujourd'hui, les bâtiments qui étaient en dehors n'ont pas déserté leurs postes).

Le général Butler affirme que la garnison de la batterie de Flag-Pond appartenait à la brigade Kirkland. Il est dans l'erreur : c'était une partie des jeunes réserves de la Caroline du Nord.

Il a aussi avancé qu'il avait pris deux gros canons rayés, deux petits canons et quelques caissons, etc. Jamais on n'a fait de pareilles captures : les forts qu'on a pris, et dont on a tant écrit, étaient de simples ouvrages en terre, élevés en vue de tirer sur les navires de blocus quand ils s'approchent trop près du rivage en donnant la chasse. Ils n'ont fait aucune résistance après quelques coups de canon tirés par les canonnières.

Je n'ai rien à dire du rapport du général Weitzel, sinon qu'il s'est trompé dans ses assertions. Il admet qu'il m'a demandé à attendre quelques jours pour pouvoir coopérer d'une manière plus favorable. Je suppose que c'est d'après cette assertion

que le général Butler a cru que la marine l'avait
retenu.

Je n'attendais et je n'ai jamais attendu qu'un
homme d'un esprit juste et un bon temps pour
prendre les forts. Ils ont été pris comme j'ai dit
qu'ils pouvaient l'être, et c'est là le plus fort argu-
ment en faveur de la marine, sur laquelle on a
cherché à jeter un blâme immérité.

De la manière dont la chose a tourné, le premier
échec a eu un avantage, et le pays en tirera un grand
profit à l'avenir.

Si le général Butler ne s'était pas abaissé à un
subterfuge pour couvrir sa bévue, je lui aurais vo-
lontiers permis de se retirer avec les honneurs qu'il
avait gagnés : mais personne ne fera des réflexions
injustes sur moi ou sur le corps auquel j'appartiens
sans entendre parler de moi d'une façon ou d'une
autre.

Je vous ai envoyé les documents et les extraits
des livres de loch pour prouver que ce je dis est
exact, et, s'il est nécessaire, on peut examiner les
casernets de toute la flotte.

Pour conclure, permettez-moi de dire que je ne
vois pas en quoi il importe que les troupes du général Butler aient débarqué un jour ou l'autre. Il

a décidé que le fort ne pouvait pas être pris quand il a débarqué. Il pouvait s'attendre à ce que les rebelles ne quitteraient pas un ouvrage comme celui-là avec moins de 500 hommes dedans, et certainement il pouvait tenter un assaut contre ce nombre d'hommes. Le général Terry avait à lutter contre 2,300 hommes, et il a emporté les ouvrages sans faire de perte sérieuse, eu égard à l'importance de la position dans le pays.

Je vous envoie le rapport du général rebelle Whiting qui confirme complètement « qu'aucun renfort n'est arrivé jusqu'au mardi 27, quand toutes nos troupes étaient rembarquées. »

Si le témoignage que je présente paraît douteux, le rapport du général Whiting ne peut l'être ; par conséquent, c'est une pauvre excuse pour le rembarquement que de dire qu'un renfort a été amené par la division Hoke.

Le général Whiting dit : « La garnison resta en attendant de pied ferme que l'assaut ou le bombardement fût renouvelé jusqu'au mardi matin 27, alors qu'elle reçut le renfort du major général Hoke, l'ennemi étant rembarqué. C'était deux jours après l'attaque de la marine et le débarquement et le rembarquement des troupes.

DAVID D. PORTER.

CANONS PARROTT.

Il sera bon de faire quelques remarques, par manière de commentaire, au sujet de la communication, signée Excelsior, qui nous a été adressée sur les canons Parrott.

Il est impossible dans un pays où tant d'intelligents mécaniciens ont dirigé leur attention sur la construction des gros canons, que l'on puisse faire un pas dans une direction sans blesser plus ou moins sérieusement les intérêts de ceux qui ont adopté une autre voie. Il est vrai que les ordres du commodore Wise, à la commission d'artillerie ont ouvert devant elle toutes les questions qui se rattachent à l'artillerie de fer des gros calibres, et les divers modes de rayures. Il est également vrai que la commission n'a pas aventuré aucune opinion particulière et que si elle l'avait fait, elle aurait ouvert la porte à une controverse infiniment plus amère et plus inutile que celle qui a été suscitée par sa partialité naturelle en faveur des canons Parrott. Nous serons toujours heureux de recevoir et de publier les articles sans passion, pour ou contre, qui peuvent intéresser le débat. Notre objet est de

présenter au public de l'armée et de la marine tous
les faits qu'on peut obtenir, et comme nous ne
sommes ni inventeur, ni ami particulier de quelqu'inventeur que ce soit, nous additionnerons de
temps en temps les divers faits élucidés, et nous
en déduirons les principes qu'ils semblent établir.

L'article de la dernière semaine (1) a paru fau-
tif aussi bien aux partisans de Parrott qu'aux partisans du fer forgé; nous pensons que c'est en partie parce que nous n'avons pas tendu la main aux
préjugés et aux vues intéressées de l'un et l'autre
parti, et en partie parce qu'on n'a pas compris nos
vues et nos devoirs sur l'objet en question.

Le pays possède un grand nombre de canons
Parrott de tout calibre. Il ne saurait être question
ici des petits calibres, il est très-facile de faire un
canon de 30 rayé. Quant aux calibres plus grands,
la question est très-différente, et jusqu'à présent le
succès n'a couronné complètement les efforts d'aucun inventeur. Si l'on peut démontrer que les canons Parrott en service peuvent, avec certaines
précautions dans la fabrication des obus et dans

---

(1) Le *Navy and Army Journal*, d'où l'article est extrait,
paraît toutes les semaines à New-York.

leur usage, produire une somme de travail propor-
tionnée à leur prix de revient, ce sera un grand résultat obtenu sous le rapport de l'économie et du
temps, car il ne serait pas possible de remplacer
tous ces canons à la fois. Nous avons fait une ob-
jection aux expériences de la commission, parce
que nous savons que les résultats obtenus sur un
seul canon dans des expériences de ce genre ne seront pas trouvés concluants par tous les hommes
qui pensent dans la marine, et qu'en cas qu'ils
soient favorables, ils ne suffiraient pas pour établir la confiance dans les canons Parrott, ce qui est
le but principal des expériences indiquées par la
Commission. Il serait mieux d'employer deux canons de chaque espèce; trois seraient mieux encore; mais nous supposons que deux seraient juste
la moyenne entre les dépenses qui ne sont pas nécessaires d'une part, et qui d'autre part marque-
raient le but qu'on veut atteindre.

De plus, si avec la fonte Rodman et le cercle perfectionné de Gillmore, le canon Parrott peut à l'a-
venir offrir des garanties pour 1500 coups, il y aura
d'autant plus d'avantage que ce canon ne coûte que
15 à 17 cents la livre, tandis que le canon de fer
forgé le meilleur marché coûte environ 25 cents,

et que le canons Ames monte à 90 cents. Dans les forts bombardements et les sièges prolongés, chaque canon tire un grand nombre de coups en peu de temps, mais 1500 coups donnent en moyenne, même pour le temps de guerre, trois ans pour la durée d'un canon. Et tous les canons de fer forgé qui peur le double du prix du canon Parrott, sont susceptibles de durer 3,000 coups, coûtent au pays un intérêt qui pour trois ans s'élève à la moitié du prix de revient. On verra que *pourvu que le canon Parrott offre des garanties pour une somme de travail déterminée,* toute espèce de canon qui coûte beaucoup plus cher, sera en état d'exhiber une puissance de durée relativement beaucoup plus grande.

Les ordres de notre département de la marine sont aussi précis que ceux de l'armée et de la marine anglaise, au sujet de la nécessité de faire des rapports donnant l'histoire de chaque canon de fer coulé, mais le rapport lui-même abonde en preuves témoignant que ces instructions ne sont exécutées que très-imparfaitement. Il peut y avoir de bonnes raisons à cela dans la quantité de jeunes officiers employés dans le service, et surtout d'officiers qui n'ont pas l'habitude de l'exactitude réclamée à cet égard par le bureau d'artillerie ; mais les faits sont identiques. Il en est de même des instructions pour examiner les canons pendant les épreuves que nous avons données en entier dans l'article de la dernière semaine pour le bénéfice de ceux de nos lecteurs qui ne sont pas familiarisés avec les détails de l'artillerie, et qui sont les ordres de fondation de tout ce qui se pratique à cet égard. On les avait appliqués très-imparfaitement, lors de l'épreuve d'un canon, dans l'âme duquel un obus a crevé dès le second coup, mais qui ne paraît pas avoir été examiné avec la patte de chat avant le dixième coup.

Army and Navy-journal.

PRISE DU FORT FISHER.

Rapport du major-général Terry, au brigadier-général
I. A. Rawlins, chef d'état-major.

City-Point, Virginie.

Quartier général des forces des États-Unis, à Pointe-Fédérale, Caroline du Nord, 25 janvier 1865.

Général : J'ai l'honneur de vous soumettre le rapport détaillé des opérations qui ont amené la prise du fort Fisher et l'occupation du fort Caswell, ainsi que celle des autres ouvrages de l'embouchure de la rivière Cape-Fear.

Le 2 courant, j'ai reçu du lieutenant-général en personne l'ordre de prendre le commandement des troupes destinées à l'expédition. Elles se composaient de 3000 hommes choisis dans la 2ᵉ division du 24ᵉ corps d'armée, sous le brigadier-général Adelbert Ames, maintenant major-général breveté; d'un même nombre d'hommes de la 3ᵉ division du 25ᵉ corps, sous les ordres du brigadier-général Charles-L. Paine; de 1400 hommes de la 2ᵉ brigade de la 1ʳᵉ division du 24ᵉ corps d'armée, sous le colonel (maintenant brigadier-général breveté) J.-C. Abbott; du 7ᵉ volontaire New-Hampshire, de la 16ᵉ batterie indépendante de New-York, avec quatre canons de 3 pouces, et de la batterie légère E, 3ᵉ régiment d'artillerie des Etats-Unis, avec 6 canons de 12 légers. Je reçus pour instruction de les faire mettre en marche du lieu où elles se trouvaient dans les lignes au nord de la rivière James, pour se trouver à Bermuda-Landing à temps pour commencer leur embarquement sur les navires de transport, le 4 courant au lever du soleil.

Conformément à ces ordres, le mouvement commença le 3 courant à midi. Les troupes arrivèrent au lieu d'embarquement au coucher du soleil, et y passèrent la nuit au bivac.

Les transports n'arrivèrent pas aussitôt qu'on les attendait. Les premiers ne firent leur apparition qu'assez tard dans l'après-midi du 4. L'un d'eux, l'*Atlantique*, était trop calé par son chargement pour remonter le James; c'est pourquoi on embarqua sur les vapeurs de rivière la brigade Curtis de la division Ames, et ils descendirent la rivière pour les transborder.

L'embarquement du reste des forces commença le 4 au coucher du soleil, et ne fut terminé que le 5 à midi; on envoyait au fort Monroë chaque bâtiment aussitôt qu'il était chargé; le 5, à 9 heures du soir, toute la flotte était réunie à Hampton-Roads. Les troupes furent toutes approvisionnées dans leur havre-sac de leurs rations de marche pour quatre jours, à partir de la matinée du 4; on leur donna aussi quarante cartouches dans leurs gibernes. On ne prit ni chevaux, ni wagons, ni ambulances. On laissa derrière les caissons de l'artillerie, mais on ajouta aux approvisionnements du coffret d'avant-train 150 coups par pièce, que l'on embarqua dans des boîtes.

Je descendis la rivière avec le lieutenant-général des États-Unis en personne, et pendant la route je reçus de lui des instructions additionnelles : il m'informa qu'il avait donné des ordres pour faire embarquer un équipage de siége composé de 20 canons Parrott de 30, de 4 pièces Parrott de 100, et de vingt mortiers Coëhorn, avec un détachement d'artilleurs et une compagnie du génie, de sorte que nous eussions sous la main les hommes et le matériel s'il devenait nécessaire de faire un siège en règle.

Ces troupes, sous le commandement du brigadier-général breveté H.-L. Abbott, devaient me suivre à Beaufort, Caroline du Nord, et attendre mes ordres. Ce fut seulement dans ce moment que je fus informé que le fort Fisher était le point contre lequel nous devions opérer.

Durant la soirée du 5, on donna l'ordre aux transports de mettre en mer, le lendemain à 4 heures du matin : des plis cachetés accompagnaient ces ordres, et on ne devait les ouvrir qu'au large du cap Henry. Les transports devaient, en cas de séparation du navire-amiral, rallier au rendez-

vous fixé à vingt-cinq milles au large de Beaufort,
Caroline du Nord.

Les bâtiments appareillèrent à l'heure dite. Pendant la journée du 6 il s'éleva une tempête si violente que notre marche fut entravée, et ce ne fut
que dans la matinée du 8 que mon propre bâtiment put arriver au rendez-vous. Tous les autres
navires étaient en retard, sauf celui portant le pavillon du général Paine. Laissant donc au brigadier-général Paine le soin de rallier les autres navires à mesure qu'ils arriveraient. Je fus dans le
port de Beaufort pour communiquer avec le contre-
amiral Porter, commandant l'escadre de blocus
du nord de l'Atlantique, destinée à coopérer avec
les forces placées sous mon commandement.

Dans la journée du 8, presque tous les navires
arrivèrent au rendez-vous; les uns avaient besoin
de réparer leurs coques avariées par le coup de
vent, d'autres leurs machines, enfin plusieurs
avaient besoin de faire de l'eau et du charbon. On
fit entrer dans le port ou le mouillage extérieur
tous les navires qui en avaient besoin, tous les autres restèrent à vingt ou vingt-cinq milles au large
jusqu'au moment de l'appareillage final. Le temps
continua à être si contraire que nous n'apercevions

pas la possibilité de débarquer sur la plage ou-
verte de Pointe-Fédérale avant le mercredi 11. Ce
jour-là l'amiral proposa d'appareiller, mais le ressac était si fort à haute mer sur la barre, que les
navires cuirassés et ceux d'un fort tirant d'eau ne
pouvaient la franchir ; par conséquent notre départ
fut remis au lendemain.

Dans la matinée du 12 les bâtiments qui étaient
dans le port sortirent, et toute la flotte des bâtiments de guerre et de transport mit en route pour
le fort Fisher. Comme nous nous en allions, nous
aperçûmes en vue les navires contenant le commandement du général Abbott ; on leur expédia
l'ordre de nous suivre.

Nous n'arrivâmes au large de Fédéral-Point qu'à
la tombée de la nuit, et il fut décidé, d'accord avec
l'amiral, que le débarquement des troupes ne com-
mencerait que le lendemain matin. Notre expérience postérieure a complètement justifié ce délai ;
il aurait été extrêmement difficile de débarquer les
hommes pendant la nuit.

Le 13, à 4 heures du matin, la division navale
des navires de débarquement accosta la terre et se
mit en mesure de protéger le débarquement. Les
transports suivirent et se mirent en position sur

une ligne parallèle aussi rapprochée que possible
de la première et à environ deux cents yards en dehors. Les navires cuirassés descendirent à moins
d'une portée de canon du fort et ouvrirent le feu.
On plaça une autre division de navires au nord du
lieu de débarquement, de manière à protéger nos
hommes contre toute attaque qui aurait pu venir
de Masonboro-Inlet. A 8 heures du matin, la marine envoya aux transports près de 200 embarcations, sans compter les chaloupes à vapeur, et l'on
commença simultanément le débarquement des
hommes, des provisions, outils et munitions.

A 3 heures de l'après-midi, on avait débarqué
en sûreté près de 8000 hommes, avec trois jours de
ration dans leur havre-sac, et 40 cartouches dans
leur giberne, un supplément de six jours de galet-
tes de biscuit, et de 300,000 cartouches pour petites armes, sans compter un nombre suffisant
d'outils de tranchée. Le ressac était encore assez
fort sur la plage, quoique le temps fût devenu
très-beau. Il était encore assez haut pour que quelques hommes aient eu leurs rations et leurs cartouches mouillées : il n'y eut pas d'autre accident.

Aussitôt que les troupes eurent commencé à débarquer on lança les avant-postes ; ils rencontrè-

rent immédiatement les détachements avancés de
l'ennemi et échangèrent quelques coups de feu,
mais il n'y eut pas d'engagements sérieux. On fit
quelques prisonniers qui m'apprirent que la division rebelle de Hoke, que nous croyions avoir été
envoyée dans le Sud était encore là, et que c'était
ses avant-postes que nous avions rencontrés.

Le premier objet que j'avais en vue après le débarquement, était de jeter une forte ligne défen-
sive à travers la péninsule, depuis la rivière Cape-
Fear jusqu'à la mer, faisant face à Wilmington,
de manière à protéger nos derrières quand nous
serions engagés dans les opérations contre le fort
Fisher. Nos cartes indiquant que nous trouve-
rions une bonne position pour établir notre ligne de défense, à une petite distance au-dessus de
Myrthe-Sound, qui est une petite flaque d'eau peu
profonde, séparée de l'Océan par une langue de
sable, large d'environ cent yards, et qui communi-
que avec lui par Masonboro-Inlet.

On supposait que le flanc droit d'une ligne établie sur ce point serait protégé par le Sound ; et
qu'étant placés en tête nous pourrions surveiller
le rivage jusqu'au-dessus de l'îlet, et qu'en cas de
besoin nous pourrions débarquer là des renforts

dans une eau tranquille. Notre lieu de débarquement fut choisi d'après cette idée. Un examen fait
après que nous fûmes débarqués, nous montra
que la lagune était si peu profonde à une grande
distance au-dessus de sa tête qu'elle n'offrait aucun obstacle au passage des troupes à marée
basse, et que plus nous descendrions dans la péninsule, plus notre ligne transversale serait courte,
ce qui nous détermina à prendre position à l'endroit où les cartes indiquaient un grand étang qui
occupait presque le tiers de la largeur de la péninsule, à environ trois milles du fort. Un peu
avant cinq heures, laissant là la brigade Abbott pour
couvrir nos magasins, je mis les troupes en mouvement pour le point en question. En y arrivant,
on trouva que le marais était un sable uni, quel-
quefois couvert d'eau et n'offrant aucun appui pour
défendre la ligne placée à l'arrière. Néanmoins, il
fut décidé qu'on établirait la ligne transversale de
défense en cet endroit, et que la division Paine
s'avancerait suivie des deux brigades de Ames. La
nuit était très-sombre, presque tout le terrain
n'était qu'un marais très-mal adapté pour construire des ouvrages, et on trouva que la distance
était trop grande pour pouvoir être défendue avec

avantage par les troupes que l'on détacherait de l'attaque directe contre le fort. Ce ne fut qu'à neuf heures du soir que Paine parvint au bord de la rivière.

On fit alors une reconnaissance sur le terrain qui était plus rapproché du fort. Ames trouva qu'il était beaucoup mieux adapté à notre objet. On retira, en conséquence, les troupes de leur première position et on les établit sur une ligne qui n'était qu'à deux milles des ouvrages. Elles arrivèrent à leur position définitive le 14, à deux heures du matin. On apporta immédiatement les outils et on commença la tranchée. À huit heures, on avait construit un bon ouvrage à hauteur de poitrine recouvert en partie par des abattis et qui s'étendait de la rivière à la mer. On était dans une bonne condition de défense, on l'améliora ensuite beaucoup, mais à dater de ce moment nous étions solidement établis sur la péninsule.

On commença le débarquement de l'artillerie de bonne heure, dans la matinée du 14 et au coucher du soleil toutes les pièces légères étaient à terre, la nuit suivante on les mit en ligne, la plupart proche de la rivière ou l'ennemi aurait été le

moins exposé au feu de nos cannonières, dans le
cas où il aurait voulu nous attaquer.

Pendant la matinée, la brigade Curtis de la
division Ames, fut mise en mouvement pour descendre vers le fort Fisher, et à midi, les tirailleurs
ayant capturé en chemin un petit steamer qui des-
cendait la rivière, chargé d'obus et de fourrage
pour la garnison du Fort, atteignirent un petit
ouvrage extérieur non terminé, qui était placé sur
le côté ouest de la face de terre du fort Fisher.

Le général Curtis, le lieutenant-colonel (maintenant brigadier-général breveté), Cromstock,
commandant le génie de l'expédition, et moi-
même, nous avons fait une reconnaissance soignée
de l'ouvrage, nous en approchant à moins de six
cent yards. Je joins ci-contre le rapport du
général Comstock avec le plan qui l'accompagne,
il donne une description complète de l'ouvrage et
de ses conditions dans le moment actuel.

Comme résultat de cette reconnaissance et en
vue de l'extrême difficulté que l'on pouvait craindre pour débarquer les approvisionnements et
les matériaux de siège sur une plage découverte
très souvent, il fut décidé qu'on tenterait l'assaut
dès le lendemain, si pour ce moment le feu de

la marine avait pu détruire les palissades et rendre l'assaut praticable.

Cette décision fut communiquée à l'amiral Porter, qui plaça à l'instant une division de ses bâtiments en position d'accomplir l'objet que l'on avait en vue. On prit des dispositions de concert avec lui, pour qu'un violent bombardement de tous ses navires commençât de bonne heure dans la matinée et put continuer jusqu'au moment de l'assaut. En ce moment même, il ne devait pas être suspendu, mais on devait le détourner du point d'attaque, pour le diriger sur d'autres parties de l'ouvrage. Il fut décidé que l'assaut serait donné à trois heures du soir, que l'armée attaquerait la moitié occidentale du front de terre, et qu'une colonne de matelots et de soldats marins donnerait l'assaut au bastion du Nord-Est.

Le feu de la marine continua pendant la nuit. Le 15, à huit heures du matin, tous les navires, à l'exception d'une division employée à la défense de notre ligne du Nord, vinrent prendre leurs positions et ouvrirent un feu aussi magnifique par sa puissance que par son exactitude.

La division Ames avait été choisie pour l'assaut. Paine, eut le commandement de la ligne de dé-

fense, ayant, outre sa division, la brigade Abbott.
La première brigade de Ames, celle de Curtis,
était déjà dans les ouvrages extérieurs que nous
avons mentionnés, et dans les tranchées établies
tout autour ; ses deux autres brigades, celle de
Pennypacker et celle de Bell furent mises en mouvement à midi pour être en mesure de soutenir
la première. A deux heures, on se prépara à l'assaut. Soixante tireurs habiles du 13ᵉ volontaires
d'Indiana, armés de la carabine à répétition de
Spencer, et quarante autres volontaires de la brigade Curtis, tous, sous le commandement du
lieutenant-colonel Lent, du 13ᵉ Indiana, furent
lancés en avant à moins de 175 yards de l'ouvrage,
ils étaient munis de pelles et ils eurent bientôt
creusé des trous pour se mettre à l'abri, et commencer à tirer sur le parapet.

Aussitôt ce mouvement commencé, le parapet
du fort se garnit de monde, et l'ennemi ouvrit sur
eux un feu d'artillerie et de mousqueterie.

Aussitôt que les tireurs d'élite furent en position, la brigade Curtis fut mise en mouvement à
double vitesse par régiments en ligne, à environ
475 yards de l'ouvrage. Alors les hommes se cou-
chèrent. Ce mouvement s'opéra sous un feu d'ar-

tillerie et de mousqueterie très-exact, qui n'empêcha pas les hommes de se faire lestement des abris
en creusant des tranchées peu profondes.

Dès que Curtis se fut mis en mouvement en partant de l'ouvrage extérieur, Pennypacker s'avança
pour le remplacer, et Bell vint se mettre en ligne
à 200 yards en arrière. Pensant qu'on pouvait
trouver un bon abri pour les hommes de Curtis sur
le versant opposé d'une ondulation de terrain dont
le sommet se trouvait à 60 mètres sur l'arrière des
tireurs d'élite; on les remit en mouvement pour
s'avancer un régiment à la fois, et ils s'abritèrent
de nouveau dans d'autres tranchées qu'ils firent à
l'instant. Pennypacker suivit Curtis et occupa le
terrain qu'il avait évacué. Bell sortit de l'ouvrage
extérieur.

On avait proposé de faire sauter et d'abattre les
palissades. On avait préparé des sacs de poudre
avec de longues mèches, et on avait organisé un
détachement de sapeurs volontaires; mais le feu
de la marine avait été si efficace pendant la nuit
précédente, et pendant la matinée, que l'on pensa
qu'il était inutile de recourir à la poudre. Cependant on envoya les sapeurs avec la brigade de tête,
et ils rendirent un bon service en pratiquant des

ouvertures dans les portions de la palissade que le feu de la marine n'avait pu atteindre.

A 3 heures 25, tous les préparatifs étant complets, Ames reçut l'ordre de marcher en avant, et on fit à l'amiral Porter le signal dont on était convenu pour changer la direction de son feu.

La brigade Curtis se leva comme un seul homme de ses tranchées et se précipita en avant en gardant sa ligne. Sa gauche, étant exposée à un violent feu d'enfilade, obliqua sur la droite, de manière à envelopper la gauche de la face de terre du fort; le terrain sur lequel elle marchait était marécageux et difficile, mais elle atteignit bientôt les palissades, passa au travers et se logea sur le parapet. En même temps la colonne des matelots et des soldats-marins, sous les ordres du capitaine de flotte K.-R. Breese, s'avança sur la plage d'une manière brillante et attaqua le bastion du nord-est. Mais exposés à un feu meurtrier, il ne purent gagner le haut du parapet. Après une lutte furieuse, dans laquelle cette colonne fit une grande perte en officiers et en hommes de la plus grande valeur, il devint évident qu'elle ne pouvait rien faire en cet endroit et elle se retira. Quand Curtis s'avança, Ames fit marcher Pennypacker à la suite des ti-

reurs d'élite, et amena Bell dans la position que
Pennypacker venait de quitter, et aussitôt que
Curtis eut pris pied sur le parapet, il envoya Pennypacker pour le soutenir. Ce dernier s'avança,
débordant la droite de Curtis, et chassa l'ennemi
des grosses palissades qui s'étendaient depuis le
bout de l'ouest du front de terre jusqu'à la rivière,
faisant là un nombre considérable de prisonniers.
Alors il poussa en avant sur la gauche, et les deux
brigades réunies chassèrent l'ennemi du quart environ du front de terre. Ames fit alors monter la
brigade de Bell et la fit marcher entre l'ouvrage et
la rivière. Il n'y avait pas de parapet régulier de ce
côté, mais il y avait une abondance d'abris pro-
duits par les excavations d'où l'on avait extrait le
sable pour construire le parapet, des ruines de ba-
raques et de magasins, le magasin général, et des
traverses derrière lesquelles l'ennemi fit une résistance opiniâtre. Il s'en suivit un combat corps à
corps et tout à fait désespéré ; l'ennemi se retran-
cha successivement sur toutes les banquettes des
traverses du front de terre et il fallut le débusquer
de toutes, les unes après les autres, en échangeant
avec lui un feu meurtrier. Nos hommes empor-
tèrent ainsi neuf traverses.

Quand la brigade de Bell eut reçu l'ordre d'entrer en ligne, je prévis qu'on aurait probablement besoin d'un renfort de troupes, et j'envoyai l'ordre à la brigade Abbott de descendre du nord; j'ordonnai en même temps au capitaine Breese de le remplacer avec ses matelots et ses soldats-marins. Je demandai aussi au général Paine de m'envoyer un des plus forts régiments de sa division; ces troupes arrivèrent au commencement de la nuit et se mirent sous les ordres du général Ames. À 6 heures, la brigade Abbott arriva au fort; le régiment de la division Paine, — le 27e des troupes de couleur des États-Unis, commandé par le brigadier-général breveté A.-M. Blackman, — fut conduit à l'arrière de l'ouvrage, où il resta quelque temps sous le feu de l'ennemi et en fut ensuite retiré. Le feu de la marine continua jusqu'à six heures sur la portion de l'ouvrage que nous n'occupions pas; il fut ensuite dirigé sur la plage pour empêcher l'arrivée des renforts que l'on aurait pu jeter dans le fort, de la rive droite de la rivière dans la redoute Buchanan. Le combat continua jusqu'à neuf heures dans les traverses; on en emporta encore deux autres. Alors une portion de la brigade Abbott chassa l'ennemi de ses derniers retranchements, et compléta l'occupation du fort.

La même brigade, avec le régiment du général Blackman, fut alors poussée sur la pointe de la batterie Buchanan où la plupart de la garnison s'était réfugiée. Arrivés à la batterie, ils firent prisonniers tout ce qui ne l'était pas encore, et entre autres le major-général Whiting et le colonel Lamb, commandant du fort.

Vers 4 heures de l'après-midi, Hoke avança contre notre ligne du nord, faisant mine de vouloir l'attaquer. Mais si telle était son intention, il y renonça après une escarmouche avec nos avant-postes.

Pendant toute la journée, le brigadier-général breveté H.-L. Abbott, chef de l'artillerie, fut occupé à débarquer l'artillerie et les munitions, en sorte que, si l'assaut avait manqué, les opérations du siège auraient commencé à l'instant.

Par suite de la chute du fort Fisher, l'ennemi fit sauter le fort Caswell, pendant la nuit du 16 au 17, et il l'évacua en même temps que les grands ouvrages qui existaient sur l'île Smith, à Smithville et à la pointe de Reeve, en sorte que tous les ouvrages de défense de l'embouchure de la rivière Cape-Fear tombèrent entre nos mains.

Nous trouvâmes dans tous ces ouvrages 169 pièces d'artillerie, presque toutes de gros canons, un dépôt de plus de 2000 petites armes, des quantités considérables d'approvisionnements et beaucoup de munitions. Nous comptâmes parmi les prisonniers 112 officiers commissionnés et 1971 hommes portés sur les listes.

Je ne trouve pas d'expressions pour rendre justice à la bonne conduite des officiers et des hommes dans cette occasion ; ils ont fait tout ce que des hommes pouvaient faire. Jamais meilleurs soldats n'ont combattu. Je vous ai déjà parlé du général Ames dans une lettre pour vous recommander sa promotion. Il a commandé toutes les troupes engagées et s'est trouvé constamment au milieu du feu. Son grand sang-froid, son bon jugement et son habileté n'ont jamais été plus en évidence que dans cet assaut. Le brigadier-général Curtis et les colonels Pennypacker, Bell et Abbott, chefs de brigade, les ont dirigées avec la plus grande bravoure. Curtis a été blessé au moment où il combattait au premier rang, son rifle à la main. Pennypacker aussi, quand il prenait le drapeau d'un de ses régiments et qu'il était le premier à charger sur une traverse. Bell a été mortellement blessé près des palissades.

Le brigadier-général Paine mérite de grands éloges pour le zèle et l'énergie qu'il a déployés en construisant nos lignes de défense. C'était un ouvrage indispensable pour notre succès.

Le brigadier-général breveté Blackman mérite d'être mentionné pour la rapidité avec laquelle il a amené son régiment dans l'ouvrage et suivi l'ennemi pendant sa retraite.

J'ai les plus grandes obligations au brigadier général breveté, C.-B. Comstock, aide de camp de l'état-major du lieutenant-général des États-Unis. Il m'a prêté l'assistance la plus appréciable à chaque pas que nous avons fait dans nos progrès. Le pays lui doit plus qu'à moi pour le succès final de notre part des opérations.

Le colonel George S. Dodge, quartier-maître en chef de l'armée de James, m'accompagnait comme quartier-maître en chef des forces de mon commandement. Sa capacité et son énergie ont été tout ce qu'on pouvait désirer dans les devoirs variés de sa charge et lui font le plus grand honneur.

Le chirurgien Norman S. Barnes, des volontaires des États-Unis, directeur du service médical, et le

chirurgien A.-J.-H. Buzzell, 3ᵉ volontaire New-
Hampshire, inspecteur du service médical de l'expédition, ont montré des talents et une humanité
qui leur font le plus grand honneur, en remplissant leurs pénibles devoirs sur le champ de bataille
et à l'hôpital. J'exprime ici combien j'apprécie le
service de ces deux officiers.

J'ai l'honneur de vous soumettre un rapport
supplémentaire pour les officiers subordonnés et
les hommes qui se sont distingués dans cette
occasion.

Je manquerais à mon premier devoir si j'omet-
tais de vous parler en termes de la plus haute
admiration de la part que la marine a prise à nos
opérations. Dans tous les rangs, depuis l'amiral
Porter jusqu'à ses matelots, il y a eu le plus grand
désir, non-seulement de faire l'ouvrage de leur
spécialité, mais de faciliter de toutes les manières
possibles les opérations des forces de terre. C'est
à lui et aux efforts infatigables de ses officiers et
de ses hommes que nous sommes redevables que
nos hommes, nos positions, nos outils et nos munitions aient été débarqués en sûreté et d'une
manière expéditive, que nos blessés et nos prisonniers aient été embarqués pour être transportés

dans le Nord ; c'est au grand soin et à la puissance de leur feu que nous devons de ne pas avoir eu contre nous une artillerie formidable pendant l'assaut, et que nous avons été en état de nous avancer avec une très-petite perte d'hommes sur un point qu'ils nous avaient préparé et qui nous était presque aussi favorable que si nous avions préalablement fait un siège en règle pour nous en approcher. Quoique l'assaut des matelots et des soldats marins ait manqué, il est indubitable qu'il a été pour quelque chose dans notre succès, et il est certain que rien n'est au-dessus de l'habileté et de la perfection avec laquelle le chef de la marine a tiré parti de la flotte.

Chaque demande que j'ai faite à l'amiral Porter a été accueillie avec empressement, et depuis le commencement de nos relations il a existé entre nous la plus parfaite harmonie.

Je joins ci-contre le rapport du général Ames.

J'ai l'honneur d'être, général, avec un profond respect, votre obéissant serviteur.

ALFRED H. TERRY,
Major-général.

Au brigadier-général I.-A. Rawlins, chef d'état-major,
City-Point (Virginie).

RAPPORT DU COLONEL COMSTOCK.

Au général Terry, commandant l'expédition contre le fort Fisher.

Quartier général des forces des États-Unis, fort Fisher,
Caroline du Nord, 27 janvier 1865.

Monsieur, — j'ai l'honneur de vous soumettre le rapport suivant des opérations faites par le génie pour la prise du fort Fisher, en y joignant deux croquis, l'un de l'ouvrage, l'autre de la contrée environnante. Le fort Fisher est situé à environ un mille et demi au nord-est de Fédéral-Point, sur la péninsule qui sépare la rivière Cape–Fear de l'océan Atlantique. Cette péninsule est basse et sablonneuse jusqu'à cinq milles au nord de Fédéral Point; elle ne s'élève pas à plus de quinze pieds au-dessus des hautes marées, l'intérieur abonde en étangs d'eau fraîche, souvent boisés et presque impraticables, tandis que le terrain sec, et notamment celui que l'on trouve à un demi-mille du fort Fisher, est couvert de·bois ou de taillis, sauf une petite langue de terre dénudée d'environ trois cents yards de large sur le bord de la mer. Le débarquement des troupes qui composaient l'expédition s'est effectué sur le bord de la mer à environ cinq milles au nord du fort Fisher, le 12 janvier, et l'on a fait avancer en même temps la division Paine en travers sur la rivière Cape-Fear, lui donnant pour instruction de prendre sa ligne de manière à pouvoir résister à une attaque venant de Wilmington. La ligne était déjà en état de se défendre dans la matinée du 13 janvier ; on la renforça pendant la journée, et le 14 on avait tracé et commencé à établir une seconde ligne en arrière de la gauche de la première, le lieutenant J.-H. Price étant chargé des détails de l'opération. On organisa des compagnies de pionniers dans les divisions Ames et Paine, et comme, dans la journée du 14, le feu de la canonnière rebelle *Chickamanga* nous tuait et blessait une quantité d'hommes, on expédia le lieutenant O'Kuff avec sa compagnie du 15°régiment de volontaires du génie de New-York pour construire une batterie sur le bord de la rivière et y placer des canons de 30 Parrott, de manière à forcer l'ennemi de s'éloigner.

Dans l'après-midi du 14 janvier, nous avons poussé une reconnaissance sous la direction du major-général-commandant, jusqu'à moins de

500 yards du fort Fisher, et nous avons pris possession d'un petit ouvrage avancé. Nous le chan-
geâmes aussitôt en ouvrage défensif contre toute
espèce d'entreprise de la part du fort. La reconnaissance nous fit voir que la palissade placée en
avant de l'ouvrage avait été sérieusement avariée
par le feu de la marine; on ne vit plus que neuf
canons sur le front de terre où l'on en avait compté
seize le jour de Noël. Le feu roulant, quoique peu
rapide de la marine, empêcha l'ennemi de se servir de son artillerie ou de sa mousqueterie sur le
détachement des éclaireurs. Il semblait probable
qu'on ne pourrait placer des troupes à 200 yards
de l'ouvrage sans une perte sérieuse, et l'on avait
beaucoup de doute que les munitions nécessaires
pussent être apportées par la plage découverte, en
cas qu'on se décidât à une approche en règle.
L'assaut fut décidé, et on le donna le 15, à trois
heures et demie après midi, après trois heures
d'un feu violent de la marine, avec trois brigades
déployées qui se suivaient à un intervalle d'environ 300 yards, et dont chacun donna son élan
final sur le bout ouest du front de terre en se lançant d'un fossé à rifles élevé à 300 yards de l'ouvrage.

La palissade était moins avariée à l'endroit où l'on attaqua que dans aucun autre ; elle était cachée en partie, et il fut nécessaire d'employer la hache pour la couper et des chevrons pour la renverser et ouvrir un passage aux troupes. On avait placé des sacs à poudre pour faire sauter la palissade, mais on ne s'en servit pas.

Après sept heures de combat, prenant traverse à traverse, on finit par être maître de l'ouvrage.

Le fort Fisher se compose de deux faces. — La première, ou face de terre, s'étend à travers la Péninsule dans un endroit où elle a sept cents yards de large : cette face a quatre cent quatre-vingts yards de long, tandis que la seconde, ou face de mer, s'étend de la droite de la première parallèlement au rivage jusqu'à Mound-Battery, sur une longueur de treize cents yards. La face de terre a pour objet de résister à une attaque venant du nord, tandis que la face de mer empêchait nos bâtiments de s'avancer au-delà de New-Inlet où de débarquer des troupes sur Fédéral-Point.

1. *Face de terre*. Cette face se compose d'un demi bastion sur sa gauche, ou sur le bord de la rivière Cap-Fear, réuni au moyen d'une courtine à un bastion sur le bord de l'Océan. Le parapet a

vingt-cinq pieds d'épaisseur, il mesure vingt pieds en hauteur, avec des traverses qui s'élèvent de dix pieds au-dessus et qui s'étendent en arrière; ces traverses étaient épaisses de huit à douze pieds et éloignées de trente à quarante pieds de la crête intérieure du parapet. Celles placées sur la gauche du demi bastion avaient environ vingt-cinq pieds de long sur le haut.

La terre, pour faire ce gros parapet et les énormes traverses de l'intérieur de la courtine (elles avaient plus de trente pieds de haut), avait été tirée en partie d'un fossé extérieur assez peu profond, mais surtout de l'intérieur de l'ouvrage. Il y avait un ou deux canons entre chaque paire de traverses. Les traverses sur la droite du front de terre n'étaient qu'en partie terminées. Une palissade garnie de meurtrières avec une banquette s'étend en avant de la face de terre, à environ cinquante pieds en avant du pied du talus extérieur, depuis la rivière Cape-Fear jusqu'à l'Océan, avec un poste à canon entre la gauche de la palissade et la rivière, et un autre entre la droite et l'Océan. Il y avait dans la traverse du milieu sur la courtine, une chambre voûtée à l'épreuve de la bombe, dont la porte extérieure était couverte par un petit redan

pour deux pièces de campagne, afin de donner des
feux de flanc sur la courtine. Les traverses étaient
généralement casematées pour loger les hommes et
les approvisionnements. Les talus de l'ouvrage pa-
raissent avoir été recouverts d'un gazon de marais
couvert d'herbe. Ils avaient une inclinaison de
45 degrés ou un peu moins. Le revêtement couvert
d'herbe a été entièrement détruit sur les talus qui
étaient exposés au feu de la marine, et l'inclinaison
a été réduite à trente degrés.

Les bouts des traverses sont tout à fait déchirés
au bout du parapet. Tout le dommage fait à l'ouvrage en terre peut encore être réparé facilement,
sa face étant à peu de chose près la même qu'avant
le bombardement. La plus grande avarie faite par
la marine a été sur les palissades, qui ont été telle-
ment détériorées en beaucoup d'endroits qu'elles
n'offraient plus qu'un petit obstacle aux troupes
assaillantes ; elle a aussi avarié les canons et les affûts. Il y avait dans l'origine sur la face de terre
21 canons et 3 mortiers. Les trois quarts ont été
mis hors de service par suite des avaries faites
aux canons et aux affuts. Le canon de droite du
bastion, la pièce de campagne qui était sur l'avant

de la traverse du milieu et un ou deux mortiers
ont servi contre les troupes d'assaut.

Il y avait un formidable système de torpilles
à deux cents yards en avant de la face de terre,
elles étaient éloignées seulement à deux cents pieds
l'une de l'autre et contenaient chacune cent livres
de poudre. Elles étaient réunies au fort par trois lignes de fils : heureusement le fil conducteur avait
été coupé par les obus, et aucune torpille n'éclata
pendant la marche de l'armée ou de la marine.

2. *Face de mer*. Cette face se compose d'une
série de batteries comprenant 24 canons en tout.
Toutes les batteries sont reliées par un fort parapet
d'infanterie et forment une seule ligne continue.
On a employé le même système de grosses traverses que sur la face de terre pour protéger les canons, et les traverses sont en général à l'épreuve
de la bombe. Le capitaine N. Adams, 4° volontaire
New-Hampshire, et le premier lieutenant J.-H.
Price, 4° troupe de couleur des État-Unis, commandant les compagnies de pionniers des divisions
Ames et Paine, et le premier lieutenant K.-S.-O
Kuffe, commandant la compagnie du 15° volontaire du génie de New-York, ont rendu les plus
grands services en construisant des batteries et des

ouvrages défensifs avec les hommes de leur commandement, le premier lieutenant A.-H. Knowi-
ton, 4° volontaire New-Hampshire, a rendu un
service appréciable en faisant le croquis du fort
Fisher, en même temps que le soldat Schultze,
15° volontaire du génie de New-York.

Je suis, avec respect, votre obéissant serviteur,

C.-B. COMSTOCK.

Lieutenant-colonel et brigadier général breveté,
commandant le génie.

Au major A. Terry, A. A. G.

Post-Scriptum. Il faut ajouter que sur trente
casemates et magasins et leurs passages, il y avait
quatorze mille cinq cents pieds d'espace planchéié,
sans y comprendre le grand magasin qui a sauté et
dont on ne connaît pas les dimensions.

C.-B. C.

www.ingramcontent.com/pod-product-compliance
Lightning Source LLC
Chambersburg PA
CBHW072051080426
42733CB00010B/2083